汽车维修职业技能培训教程

汽车底盘电控系统诊断与维修

主　编：王洪广　宛　东
副主编：谭克诚　岑升波　罗　建　陈满秀　张　帅
参　编：陆　洋　翟　毅　阳　亮　杨玲玲　许明疆

机 械 工 业 出 版 社

《汽车底盘电控系统诊断与维修》紧密结合现代汽车底盘电控系统诊断与维修生产实际，契合融"教－学－做"为一体的教学方法和手段，满足高等职业教育推行工学结合人才培养模式的发展需要。

本书共分四章，内容有电子助力转向系统、电子制动系统、胎压监测系统和自动变速器，同时附有实训指导、实训操作认证样题和练习测试题，比较全面地阐述了现代汽车底盘电控系统结构、工作原理、拆卸、安装、调试及故障诊断与排除。

本书可作为高等职业院校、高等专科院校、成人高校、民办高校和本科院校二级职业技术学院汽车检测与维修技术及相关专业的教学用书，也可作为汽车维修技术人员及相关从业人员的业务参考书及培训用书。

图书在版编目（CIP）数据

汽车底盘电控系统诊断与维修/王洪广，宛东主编． —北京：机械工业出版社，2018.5
汽车维修职业技能培训教程
ISBN 978-7-111-60109-8

Ⅰ．①汽… Ⅱ．①王…②宛… Ⅲ．①汽车－底盘－电气控制系统－车辆检修－技术培训－教材 Ⅳ．①U472.41

中国版本图书馆 CIP 数据核字（2018）第 115618 号

机械工业出版社（北京市百万庄大街 22 号 邮政编码 100037）
策划编辑：连景岩 孟 阳 责任编辑：孟 阳
责任校对：刘 岚   封面设计：马精明
责任印制：张 博
三河市国英印务有限公司印刷
2018 年 8 月第 1 版第 1 次印刷
184mm×260mm · 13.75 印张 · 334 千字
0 001—1900 册
标准书号：ISBN 978-7-111-60109-8
定价：42.00 元

Preface

前 言

随着中国汽车工业的快速发展，汽车技术日新月异，新结构、新系统、新装置在汽车上的应用不断增多。这就要求职业院校不断培养能够适应汽车技术发展的汽车运用与维修人才。本书基于汽车维修技师应掌握的现代汽车发动机电子控制系统检测与诊断知识及相关技能编写。

本书的编写结合了汽车4S店的技术服务实践，具有较强的针对性，较好地贯彻了素质教育的思想，力求体现以人为本的理念，从行业岗位群的知识和技能要求出发，结合对学生创新能力、职业道德方面的要求。

本书针对相关教学方法和手段进行了改革，融"教–学–做"为一体，将课堂与实训室融合，力求提高学生的职业技能，同时提升教学质量。

本书配有课程PPT、实训指导（含任务工单）、实训操作认证样题和课后练习题电子文档，这对提高学生的综合能力与素质有很大帮助。本书具有如下特点：

1. 理论与实践一体化：本书将理论学习与实践学习融为一体，有利于提高学生的实际操作能力。

2. 引导学生主动学习：学生根据自己的实际操作项目填写实训指导任务工单，并进行数据处理与分析，把理论知识应用到实践中，将理论知识转化为实用技能。

参加本书编写的人员分工如下：王洪广编写第四章；宛东编写第一章；谭克诚、岑升波、罗建、陈满秀和张帅编写第二章；阳亮、翟毅、杨玲玲、许明疆和陆洋编写第三章。全书由王洪广负责统稿。本书的编写工作得到了上汽通用五菱公司市场与网络部工作人员的悉心指导，在此表示衷心感谢。

编者在写作过程中参考了大量的资料和文献，在此向原作者表示感谢。

由于编者水平有限，书中难免有疏漏之处，恳请读者批评指正。

编　者

Contents

目 录

安全注意事项

汽车维护作业注意事项

1）佩戴安全防护眼镜以保护眼睛。

2）在被举升的车辆下作业时，应使用安全支架。

3）确保点火开关始终处于 OFF 位，除非另有要求。

4）在车内工作时，应施加驻车制动。如果是自动变速器车型，则应将变速杆置于 P（驻车）位，除非要求置于其他档位。如果是手动变速器车型，则应将变速杆置于倒档（发动机熄火时）或空档（发动机运转时），除非要求置于其他档位。

5）在进行与发动机相关的作业时，必须使用尾气抽排设备，以防一氧化碳中毒。

6）在发动机运转时，身体及随身衣物应远离转动部件，尤其是散热风扇和传动带。

7）为防止严重烫伤，应避免接触高温金属部件，例如散热器、排气歧管、三元催化转化器和消声器。

8）维护作业现场不得吸烟。

9）为避免受伤，开始作业前应摘掉戒指、手表和项链，不要穿宽松的衣服，长头发应挽起固定于脑后。

10）不得接触散热风扇叶片，因为散热风扇随时会因发动机温度升高而转动。确保散热风扇的电源完全断开后，才能在其附近作业。

特别警告

1）许多制动摩擦片都含有石棉纤维，吸入石棉粉尘可能导致癌症，因此在对制动器进行维修时，应避免吸入粉尘。

2）用压缩空气或干刷方式清洁车辆时，从行车制动器和离合器总成处扬起的粉尘或污垢可能含有有害健康的石棉纤维。

3）行车制动器总成和离合器面应使用石棉纤维专用吸尘器进行清洁。粉尘和污垢应使用可防止粉尘暴扬的方法处置，例如使用密封袋。密封袋必须标有国家职业安全和卫生部门的使用说明，并将袋中所装物质告知垃圾承运人。

4）如果没有用于盛装石棉纤维的真空袋，则清洁工作必须在水湿状态下进行。如果仍然会产生粉尘，则作业人员应佩戴经国家认证的有毒粉尘过滤净化功能的口罩。

第一章 电子助力转向系统

学习要点：

1）电子助力转向系统概述。
2）电子助力转向系统组成与原理。
3）电子助力转向系统诊断与维修。

学习目标：

1）能够解释电子助力转向系统发展过程及五菱汽车电子转向应用。
2）能够解释电子助力转向系统组成及工作原理。
3）能够掌握电子助力转向系统诊断与维修方法。

第一节 电子助力转向系统概述

转向系统是汽车的重要组成部分，但传统的机械转向系统已经无法满足驾驶人对操控性和舒适性的要求，电子助力转向（Electrical Power Steering，EPS）系统则能较好的兼容上述的需求。五菱公司生产的车型大多采用电子助力转向系统。图1-1所示为电子助力转向系统总成。

图1-1 电子助力转向系统总成

一、电子助力转向系统的优点

与液压助力转向系统相比，EPS系统具有如下优点：

1）EPS系统效率高。液压助力转向系统采用机械连接和液压传动，传动效率一般为60%~70%；EPS系统采用机械连接和电传动，效率可高达90%以上。

2）EPS系统能耗小。汽车在实际行驶过程中，处于转向状态的时间约占总行驶时间的

5%。对于液压助力转向系统，发动机运转时，转向助力油泵始终在工作，助力油也一直在管路中循环，这会使汽车的燃油消耗增加4%~6%；而EPS系统仅在需要转向时才起动转向助力电动机，比液压助力转向系统燃油可减少消耗3.5%~5.5%。

3）EPS系统助力特性可通过软件进行调整。在进行整车匹配时，不用对机械参数进行修改，可以直接通过软件调整助力特性，简化了工作。

4）EPS系统回正性好。EPS系统结构简单、内部阻力小，可得到最佳的转向回正特性，并改善汽车的操纵稳定性。

5）EPS系统环境污染少，免维护。液压助力转向系统的液压回路中有液压软管和接头，存在油液泄漏问题，而且液压软管是不可回收的，对环境有一定污染；EPS系统对环境几乎没有污染。

二、电子助力转向系统的分类

按照转向助力电动机位置的不同，电子助力转向系统可分为转向管柱助力系统和转向机齿条助力系统，如图1-2和图1-3所示。

目前上汽通用五菱汽车公司生产的所有配置电子助力转向系统的车型，都采用转向管柱助力。图1-4所示为电子助力元件在转向管柱上的安装位置。

图1-2　转向管柱助力系统

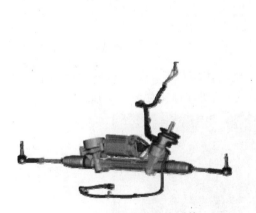

图1-3　转向机齿条助力系统

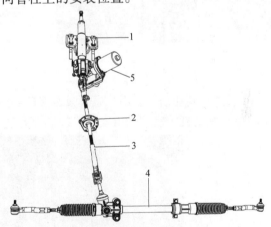

图1-4　五菱汽车电子助力转向系统结构
1—转向管柱　2—防尘橡胶套　3—转向中间轴
4—转向器　5—电子助力元件

第二节　电子助力转向系统的组成与工作原理

一、电子助力转向系统组成

电子助力转向元件，可分为三类，分别是传感元件、控制元件和执行元件。

注意：方向/转矩传感器、电动机、转向角度传感器、控制模块与转向管柱集成在一起，不能单独更换。

1. 传感元件

电子助力转向系统中，需要很多传感元件来感知车辆的工作状态，以合理、安全、高效地实现转向助力功能。

1）点火开关。点火开关在处于 ON 时，向 EPS 控制单元传输允许工作信号，如图 1-5 所示。

2）车速传感器。车速传感器用来检测当前车速，EPS 控制单元根据车速控制转向助力力矩，如图 1-6 所示。

注意：位于变速器上的车速传感器将信号发送至发动机控制单元，再经 CAN 网络送至 EPS 控制单元；发动机的车速信号为主信号，ABS 控制单元发送的车速信号为辅助信号。

图 1-5　点火开关

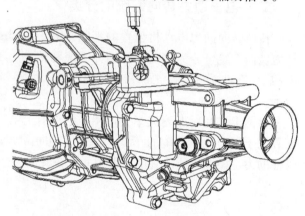

图 1-6　车速传感器

3）发动机转速信号。EPS 模块只有接收到发动机转速信号后，才允许转向助力电动机输出转矩。发动机转速信号由发动机控制单元送出。发动机转速表如图 1-7 所示。

图 1-7　发动机转速表

4）转向盘转矩传感器。转向盘转矩传感器用来检测驾驶人对转向盘施加的转向力度，EPS 控制单元收到此信号后，计算出相应的助力力矩。转向盘转矩传感器安装在转向管柱上的 EPS 总成内，如图 1-8 所示。

图 1-8　转向盘转矩传感器 1

转向盘转矩传感器采用两个霍尔式位置传感器，安装在壳体内。连接转向盘的转向柱与连接转向机的输出轴之间通过扭力杆连接，如图 1-9 所示。安装在转向柱上的多极性磁铁在不同转动转向盘转矩时，安装在输出轴上的定子集磁环会隔离磁力线到传感器，进而识别转动转向盘的转矩，如图1-10所示。转矩传感器在未识别到转向盘转动

图 1-9　转向盘转矩传感器 2

时，两个传感器信号线输出相同的电压。当向一侧转动转向盘时，两个传感器输出不同的电压，如图 1-11 所示。

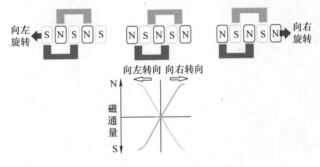

图 1-10　转向盘转矩传感器工作原理

5）转向盘转角传感器。转向盘转角传感器用来检测当前转向盘位置、转动方向和转动速度等信息。

转向盘转角采用两个霍尔式位置传感器，安装在壳体内，如图 1-12 所示。转向盘带动转向柱，带动多极性磁铁转动，两个霍尔传感器识别磁铁转动的方向、位置和转动速度，将这些信号发送至 EPS 控制单元。对于带有 ESC 系统的车型，这些信号会通过 CAN 网络传送

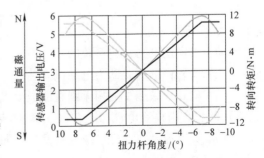

图 1-11　转向盘转矩传感器电压信号

至 ESC 控制单元。

2. 控制模块

电子助力转向控制模块是 EPS 系统的核心，该模块从电子助力转向系统中获取转矩传感器信号和位置传感器信号，接收车速、发动机转速等信息，根据输入信号进行计算分析，得出控制参数的最佳值，然后发出控制指令给电动机，控制其动作。宝骏610 和宝骏 730 的 EPS 模块通过 CAN 网络获取车速和发动机转速信号。

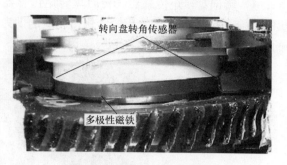

图 1-12 转向盘转角传感器

电子助力转向控制模块可检测电子助力转向系统的故障，并在检测到的故障时点亮故障警告灯。目前宝骏 610 和宝骏 730 的 EPS 控制模块通过 CAN 网络发送点亮故障警告灯的信号，当仪表板接收到该信号时，点亮故障警告灯，此时 EPS 系统依据故障码的类型进入不同的故障模式。图 1-13 所示为宝骏 730 的电子助力转向控制模块及其电路图，图 1-14 所示为宝骏 610 的电子助力转向控制模块及其电路图。

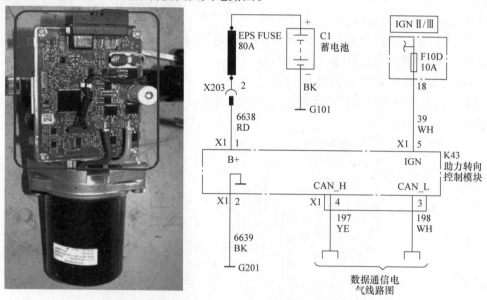

图 1-13 宝骏 730 电子助力转向控制模块及其电路图

3. 执行元件

电动机是电动助力转向系统的动力源，其功能是根据电子控制模块的指令输出适当的辅助转矩。转向管柱助力式助力电动机安装在转向管柱上。宝骏 730 采用的是两相有刷直流电动机，而宝骏 610 采用了三相无刷直流电动机。

1）两相有刷直流电动机。宝骏 730 的转向助力系统采用两相有刷直流电动机，如图 1-15 所示。通过控制电动机电源与搭铁的换向来实现正反转，通过占空比来调节助力转矩的大小。

2）三相无刷直流电动机。宝骏 610 的转向助力无刷直流电动机主要由定子、转子两部

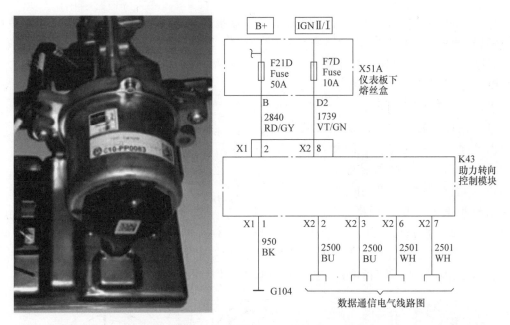

图1-14 宝骏610电子助力转向控制模块及其电路图

图1-15 宝骏730的两相有刷直流电动机

分组成，如图1-16和图1-17所示。无刷直流电动机的定子结构与普通同步电动机相似，由定子铁心、定子绕组和机座三部分组成。铁心中嵌有多项绕组，电枢绕组接成星形。转子主要由永久磁铁和位置传感器组成，另外还要配备专用的功率驱动电路。

图1-16 定子绕组

图1-17 永磁转子

与一般的有刷直流电动机不同，无刷直流电动机的换向通过电子换向器完成。宝骏610的电子换向器集成在 EPS 模块内部。为使无刷直流电动机的转子持续旋转，EPS 模块必须为定子绕组按照特定的次序供电，如图1-18 所示。

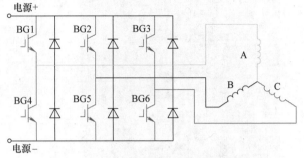

图 1-18　宝骏610无刷直流电动机电路图

电动机转子旋转时，每次只有两相电枢导通，第三相悬空。两相电枢绕组的接入由六个晶体管控制，例如 A 相和 C 相接入电路，B 相悬空，则电流从电源正极经过 A 相绕组，从 C 相绕组流回到电源负极。到下一个换相时刻时，A 相和 B 相接入电路，C 相悬空。依此类推，则总的换相顺序是 AC→AB→CB→CA→BA→BC，即六种状态，每种状态持续60°转角，而每个晶体管均导通120°转角，这种驱动方式为两相导通三相六状态，如图1-19 所示。

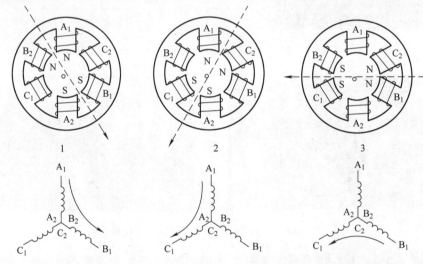

图 1-19　电枢绕组导通情况示意

正常情况下，EPS 故障警告灯只在钥匙转置 ON 位系统自检时亮2s，其他时间一直处于熄灭状态。如果发动机起动后或者在车辆行驶过程中警告灯常亮，则表示 EPS 系统出现故障，此时 EPS 进入安全模式，如图1-20 所示。

二、电子助力转向系统工作原理

前面了解了电子助力转向系统的组成部件，接下来学习电子助力转向系统的工作原理，如图1-21 所示。

电子助力转向控制模块通过接收方向、转矩传感器、车速、发动机转速等信号来执行系

图 1-20　故障警告灯

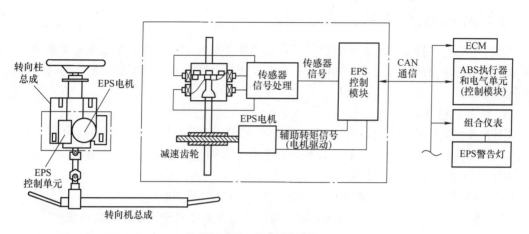

图 1-21　EPS 工作原理

统功能。当驾驶人操纵转向盘转向时，ECU 根据方向、转矩传感器、发动机转速和车速信号，并结合所检测到的助力电动机的电流反馈信号，进行运算处理，确定电动机助力电流的大小和方向，该电流即所需的助力转矩。通过减速机构减速增矩后，助力转矩加在转向输出轴上使之得到一个与汽车行驶工况相适应的转向作用力，在低速情况下，提供较大的助力以便在驻车操作中进行转向。在高速情况下，提供较小的助力以便提高路感和方向稳定性。电子助力转向系统控制过程如图 1-22 所示。

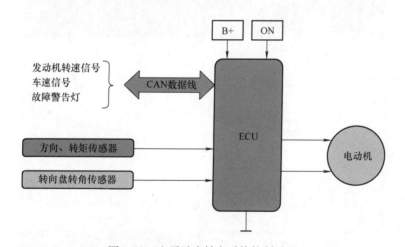

图 1-22　电子助力转向系统控制过程

当高强度使用动力转向功能（例如全转向）时，EPS 控制模块减少 EPS 电动机的输出，以保护 EPS 电动机和 EPS 控制模块（防超载状态）。在起动防超载状态时，辅助转矩逐渐减少，转向盘转向力逐渐变大。如果电气系统出现错误，失效—保护功能停止输出信号至 EPS 电动机，然后以前的状态变成手动转向状态。在低速时过度转向将导致 ECU 及电动机加热，一旦温度达到临界点，ECU 将减少电流以降低加热，随着温度的下降（当温度降低或无助力时），系统将恢复。

三、电子助力转向系统诊断与维修

通过本章电动控制转向系统的学习，我们掌握了系统的控制及工作原理，当系统出现故障时，应在所掌握的系统原理与构造的基础上，根据故障现象进行逻辑分析，通过检测最终找到故障点。

1. 读取数据流

同大多数电控系统一样，通过读取数据流，可观测到一些输入、输出信号是否存在异常，下面就一起了解 CN113R 车型 EPS 系统数据流有哪些内容，具体什么含义。

图 1-23 是 EPS 系统数据流，具体含义如下：

1）EPS 供电电压：加载在 EPS 模块的电源与搭铁之间的电压。

2）转向盘转角：模块通过转向盘转角传感器监测到相对于零位的转向盘角度。

3）ECU 内部温度：模块内的温度传感器检测到实际电子元件温度值。

4）转向输出转矩：模块接收到转矩传感器的信号后计算出当前转向的转矩大小，这个输入信号值可以判断传感器和线路是否存在故障。

5）车速有效性：可以通过此信号判断控制模块收到的车速信息是否有效。

6）EPS 标定完成情况：如果系统已标定完成，可通过此项确认。

7）EPS 完整的设置程序：可通过此项确定 EPS 是否完整地设定了系统程序。

8）EPS 机械中心已存在：表明当前 EPS 模块学习转向盘的中间位置已完成。

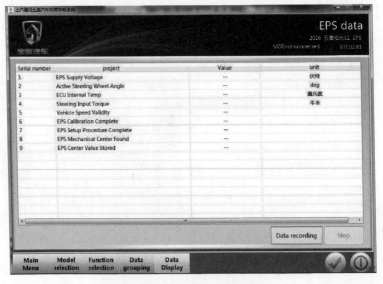

图 1-23　读取 EPS 数据流

2. 故障码诊断与维修

作为电控系统之一，EPS 系统也有自诊断功能，可使用诊断仪读取相关 DTC 进行故障诊断，EPS 读取故障码如图 1-24 所示。

表 1-1 是 EPS 系统常见的故障码以及可能出现的故障原因，为高效诊断 EPS 系统，请了解这些常见的故障码以及可能的故障原因，并对可能的故障原因进行排查。

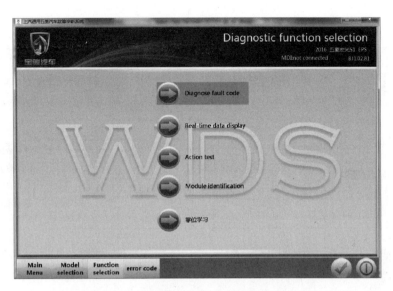

图 1-24　读取 EPS 故障码

表 1-1　EPS 系统常见的故障码以及可能出现的故障原因

故障码	可能的故障原因	应对措施
DTC C017654：控制模块温度传感器	原地来回完整打转向盘，周期约大于 10 次，导致超过工作周期（性能下降） 人为把转向盘朝最左或最右端用力拽住时间约大于 10s 绝对温度异常，超过 EPS 设定的上、下限温度，下限值 -40℃，上限值 85℃	故障发生后，立即禁止做以上非法操作，下电熄火，等 10s 左右的时间，重新上电 EPS 会自动恢复正常
DTC C047500 C047564：电动机回路	整车蓄电池异常 整车发动机或发电机异常 整车线束短路 EPS 本身硬件电路损坏	重新点火，重新读取故障码，如果当前故障依然存在，则需要检查蓄电池、发动机、发电机、线束等，如果这些都没有问题，则需更换 EPS 整体部件
DTC C054500：转矩传感器	整车蓄电池异常 整车发动机或发电机异常 转矩传感器信号受到干扰 转矩传感器本身电路损坏	重新点火，重新读取故障码，如果当前故障依然存在，则需要检查蓄电池电压、点火信号电压、发动机、发电机等，如果以上检查未见异常，则检查车附近是否有很强烈的辐射源（一般这可能性很小，因为 EPS 是严格做过 EMC/EMI 验证的）。排除以上可能性后，如果问题还是不能得到解决，则需更换 EPS 整体部件
DTC C05454B：转矩传感器	转矩传感器增益没有标定（主传感器） 转矩传感器偏置没有标定（主传感器）	重新点火，重新读取故障码，如果当前故障依然存在，更换 EPS 或者由原厂工程师用专门工具现场标定

（续）

故障码	可能的故障原因	应对措施
DTC C055043：控制器硬件	转向盘角度学习失败 EPS 突然断电，未执行初始化	转向盘转角初始化学习功能诊断仪重新初始化学习，学习完重新点火上电
DTC 056D39：控制器硬件	整车蓄电池异常 整车发动机或发电机异常 整车线束短路 EPS 本身硬件电路损坏	重新点火，重新读取故障，如果当前故障依然存在，则需要检查蓄电池、发动机、发电机、线束等，如果以上检查未见异常，则更换 EPS 整体部件
DTC C089507 C089512：控制模块电压	蓄电池电压过高或过低 EPS 已经损坏	检查蓄电池电压（发动机发动和发动机关闭两种情况）
DTC 1201F3：长时间失去车速 DTC 120128：数据范围错误 DTC 1201F1：低速失去车速信号 DTC 1201F2：高速车速信号丢失	线束接触不良 发动机故障 信号传输故障 信号本身为非法信号	首先检查线束是否异常，线束检查顺序：EPS 本身接插件线束—ABS 信号传输线束（到 ECM 信号传输线束，对发动机信号）—信号传感器之间的线束。然后检查 ABS、ECM 本身工作是否异常
DTC C066048：角度信号未标定	角度传感器未进行标定	1. 将车辆转向盘转至正前方向并熄火 2. 使用诊断仪的零位学习程序进行学习 3. 清除故障码 4. 读取 EPS 故障码，确认无 C066048 故障码

3. 转向盘对中学习

车辆转向后为了使 EPS 模块能很好帮助车辆进行回正，EPS 模块必须知道转向盘的中间位置，即转向盘中间位置学习。需要执行转向盘对中学习的情况如下：更换转向助力电动机及转向柱总成；EPS 模块进行软件升级；更换转向机；维修更改车轮定位参数的撞击。

转向盘对中学习有两种方法，无需诊断的自行学习及使用诊断仪学习。

1）自行学习。按照一定的条件上路行驶，就可自行学习到转向盘的中间位置。

转向盘转角自学习条件：转向盘从中间位置向左右各打到底一次，转向盘回到中间位置；车速达到 25km/h 行驶一段距离。

2）诊断仪学习（图 1-25）。为了快速进行转向角度的对中学习，也可以利用诊断仪执行，执行时按照诊断仪的提示进行即可。

如果转向盘对中位置未学习或学习错误，可能导致 EPS 模块控制车轮回正能力变差，或克服车辆轻微跑偏的能力变差等。

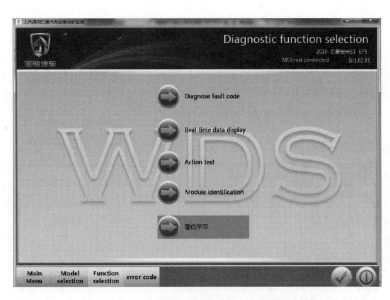

图 1-25 转向盘中间位置学习——诊断仪学习

第三节 学习成果自检

本章节的学习目标你已经达成了吗？请通过思考以下问题进行结果检验。

序号	问题	自检结果
1	电子助力转向系统发展有哪两类结构	
2	五菱汽车采用哪些类型的电子助力系统	
3	电子助力转向系统由哪些部件组成，它们的工作原理你是否掌握	
4	电子助力转向系统控制原理	
5	通过读取 EPS 系统数据流，可以分析出哪些项目存在异常	
6	EPS 常见的故障码是哪些原因导致的	
7	如何进行转向盘对中学习	

第四节 练 习 题

1. 单项选择题

1）对于 CN113R 电子助力转向转矩传感器的结构描述正确的是（　　　）。

A	就一个转矩传感器
B	传感器的类型为霍尔式
C	传感器可单独更换
D	作用是判断转向盘实际转过的角度

2）对于 CN113R 电子助力转向转向盘传感器的结构描述正确的是（　　）。

A	有四个角度传感器
B	传感器的类型为磁电式
C	传感器独立安装在螺旋电缆下方
D	作用是判断转向盘实际转过的角度

2. 多项选择题

1）对于 CN113R 电子助力转向电动机描述正确的是（　　）。

A	通过电源与搭铁的换向实现正反转
B	电动机的电流大小是可变的
C	电动机转子为永久磁铁
D	电动机为无刷直流两项电动机

2）对于 CN113R 电子助力控制模块的功能描述正确的是（　　）。

A	具有自诊断功能
B	从网络里获取车速和发动机转速信号
C	具有自保护功能
D	诊断仪对其诊断是通过 K 线通信

3. 问答题

1）请说明产生故障码 DTC C054500：转矩传感器的故障原因有哪些？

2）如果不执行转向盘对中操作会导致什么后果？执行转向盘对中学习的方法有哪些？

第五节　实操训练

● 训练情景：一辆 CN113R，电子转向系统故障警告灯点亮。作为车间技师，你将如何解决此故障？

● 训练任务

任务 1：电子转向系统部件识别。

任务 2：电子转向系统故障诊断。

任务 3：电子转向系统维修与设定。

- 训练目标

目标1：能够正确识别电子转向系统部件。

目标2：能够对电子转向系统的故障进行诊断。

目标3：能够正确执行电子转向系统维修设定。

- 训练时间：120min。
- 注意事项：测量后对车辆及时恢复。
- 训练实施条件

车辆：CN113R（两辆）。

零件：电子转向柱（含电动机等部件）。

任务1：电子转向系统部件识别

1. 任务说明

为了维修诊断EPS系统，需要正确识别EPS系统部件。

2. 任务准备

1）训练物品准备。请列举进行此项任务所需要的工具、设备、资料与辅料。

_____

_____

_____

_____

_____

2）支持知识准备。请查阅合适的资料，写下此项训练任务相关的支持知识。

_____

_____

_____

_____

3. 任务操作

1）观察分解后的EPS转向柱，并说出其结构特点。

_____

_____

_____

2）EPS系统还需要哪些部件或信号？

_____

_____

_____

_____

_____

任务 2：电子转向系统故障诊断

1. 任务说明

请根据所学知识，将其转换为技能，请诊断 EPS 系统的故障原因。

故障现象：无转向助力，EPS 故障警告灯点亮。

2. 任务准备

1）训练物品准备。请列举进行此项任务所需要的工具、设备、资料与辅料。

_____
_____
_____

_____

2）支持知识准备。请查阅合适的资料，写下此项训练任务相关的支持知识。

_____
_____

_____

3. 任务操作

1）故障现象。

_____
_____

2）故障原因分析。

_____
_____
_____

3）故障诊断关键步骤及数据记录。

_____
_____
_____

4）故障诊断结果记录。

_____
_____
_____

任务 3：电子转向系统维修与设定

1. 某台 CN113R 车辆进站检修 EPS 系统故障，请在开始作业之前安装车辆防护设备。需要安装的防护物品有哪些？（请在所需物品前打勾）

☐ 翼子板保护套　　☐ 前罩保护套　　☐ 驾驶人侧脚垫　　☐ 乘客侧脚垫
☐ 后部车厢脚垫　　☐ 驾驶侧座椅套　　☐ 乘客侧座椅套　　☐ 转向盘套
☐ 变速杆套　　☐ 扶手套　　☐ 驻车拉杆套

2. 根据所学知识，完成转向盘对中的方法有几个，分别说明其方法步骤。

_____

_____

_____

_____

3. 请根据场地条件，执行转向盘对中操作。

_____

_____

_____

_____

讨论

根据所学知识，讨论如果未完成转向盘对中操作会导致什么后果？

_____

_____

_____

_____

_____

第二章　电子制动系统

学习要点：

1）电子制动系统介绍。
2）ABS、EBD、TCS、ESC。
3）电子制动系统故障诊断与维修。

学习目标：

1）能够复述电子制动系统发展特点及电子制动基本知识。
2）能够复述 ABS 功能、组成元件及工作原理。
3）能够复述 EBD 功能、组成元件及工作原理。
4）能够复述 TCS 功能、组成元件及工作原理。
5）能够复述 ESC 功能、组成元件及工作原理。
6）能够掌握电子制动系统维修诊断方法及控制单元程序设定方法。

第一节　电子制动系统介绍

随着社会的发展，交通安全问题越来越凸显。随着汽车安全理念的逐渐变化，传统的制动系统已经无法满足驾驶人对车辆操控安全的要求，随之，电子制动系统诞生，它能够有效提高汽车的行驶稳定性，尽力防止车祸发生，因此在相当长的一段时间内得到广泛应用。

目前五菱车型电子制动系统——控制单元，主要包括 ABS、EBD、TCS、ESC 等。本课程重点讲解系统的控制原理、元件结构原理与元件和系统方面的故障诊断与维修。

一、电子制动系统发展

在汽车发展初期，制动系统的作用较小；因为驱动系统的摩擦系数很高以致车辆不制动也足以减速下来。随着汽车功率和速度的不断提高，以及交通密度的不断加大，在 20 世纪 20 年代人们便开始考虑如何制造出相应的制动系统以符合更高的驱动和驾驶性能的需要。

汽车技术进步的一个主要任务就是提高主动安全性以避免发生事故，并充分发挥车辆的动力性能。随着电子学和微电子学的不断发展，开发能够对紧急情况做出足够快速反应的制动系统成为可能。电子制动系统的"鼻祖"是 ABS，该系统自从 1978 年开始大量投入生产后，一直在不断地改进并增加新的功能，这些功能可以主动参与到行车过程中，以提高行车稳定性。

电子制动技术首先出现的是防抱死制动系统（ABS）。1950 年飞机着陆装置中开始开发并使用 ABS，如图 2-1 所示。进入 20 世纪 90 年代后，ABS 逐渐成为汽车的标准配置，如图 2-2 所示。

图 2-1 ABS 技术出现

图 2-2 快速发展

随着 ABS 不断的进化，从而衍生出电控制动系统的其他功能（图 2-3）：

1）电子制动力分配。

2）牵引力控制。

3）电子车身稳定控制。

随着技术的发展，有更多的电子制动技术出现，这里不再一一说明。

图 2-3 技术延伸

二、电子制动基础知识

每一个初学驾驶的人都会被告知在冰雪路面上开车的基本法则：制动时千万不要使车轮抱死。这就是 ABS 要实现的功能——防抱死，可这是为什么？接下来我们一起了解电子制动系统要掌握的基础知识，从中找到电子制动系统工作的基本原则。

1. 车轮受力分析

车辆行驶时车轮承受到车的重力，当遇到紧急制动时，车轮的受力是什么样子的？

制动时车轮的受力状态如图 2-4 所示：

1）W 为车轮承受的重量。

2）F_z 为地面的法向反力（与车重 W 平衡）。

3）T 为驱动力。

4）M 为制动器对车轮的制动力矩。

5）F_x 为地面对车轮的制动力。

从图 2-4 中可以看到，车轮所受的制动力和轮胎与地面的摩擦系数（纵向附着系数 μ）有直接的关系，摩擦系数越大，地面对轮胎的制动力就越大。需要注意的是，地面能够提供给车轮的最大制动力（附着力）是有限的。

如图 2-5 所示，在达到最大制动力之前，车轮制动力是随着制动踏板力的增加而线性增加的，当车轮制动力达到最大附着力 F_ϕ 时，车轮的制动力不会随制动踏板力继续增加了，而是保持在 F_ϕ。

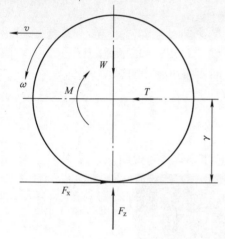

图 2-4　车轮的受力状态

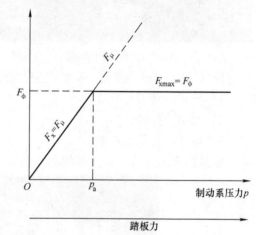

图 2-5　制动力与附着力关系

如果在打转向时制动，不仅仅车轮承受纵向力，而且还承受侧向力，如图 2-6 所示：

1）F_z 为车轮载。

2）F_x 为纵向力。

3）F_y 为侧向力。

轮胎受到的纵向力和侧向力相互是存在一定的关系的，轮胎作用在地面上的合力只能在有效的摩擦圆内。如图 2-7 所示，当制动力增大时，可承受侧向力就会减小。摩擦圆的大小与路面的附着系数和轮胎有关。

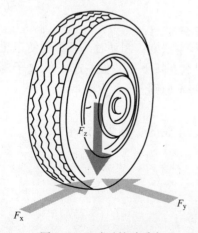

图 2-6　运动时轮胎受力

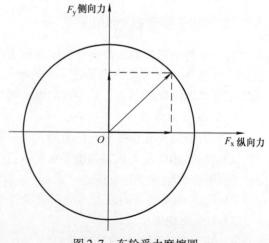

图 2-7　车轮受力摩擦圆

2. 滑移率

橡胶轮胎传递动力时，会产生弹性变形。汽车加速时，轮胎会朝行驶方向发生纵向变形；制动时，会朝行驶的反方向发生纵向变形（制动时车轮转速慢于车速的要求）。因此，行驶中的车轮是处于边滚动边滑动的状态，实际的车速与车轮速度是不相同的。

由变形产生的车速与车轮速度之间的速度差，叫作"滑移率"（用 λ 表示），如图 2-8 所示。制动滑移率的取值可以是 0 ~ 100%。

$$\lambda = （车速 - 轮速）/车速 \times 100\%（轮速 = 2\pi 车轮转速 \times 车轮半径）。$$

做自由滚动的未加制动的车轮，滑移率约为 0。随着制动力的增加，车轮的滚动趋势越来越小，直到车轮被抱死时，滑移率为 100%。

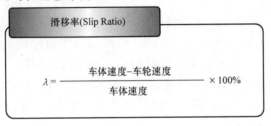

图 2-8 滑移率

3. 附着系数

附着系数，是附着力与车轮法向（与路面垂直的方向）压力的比值。它可以看成是轮胎和路面之间的静摩擦系数。这个系数越大，可利用的附着力就越大，车轮就越不容易打滑。

制动力系数 μ 即车轮对地面的附着系数，该系数越大说明能够转化的制动力越多。制动力系数不是一个常量，其值受多个参数的影响，主要有：

1）制动滑移率。

2）路况（混凝土路、沥青路、沙石路、湿、干或结冰路面等）。

3）轮胎（尺寸、宽度、花纹、压力以及温度等）。

4）汽车重量。

5）车速。

具体影响效果如图 2-9 所示。干燥、良好的沥青或混凝土路面的附着系数最大，可达 0.7 ~ 0.8。而冰雪路面的附着系数最小，最容易打滑。

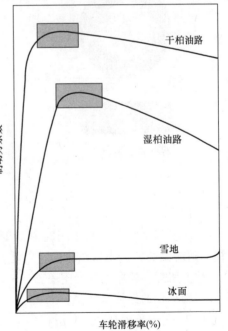

图 2-9 附着系数

4. 附着系数与滑移率的关系

车辆在制动时，轮胎不仅承受纵向附着力，而且还承受横向附着力（比如在转弯制动时）。图 2-10 为纵向附着系数 μ 作为制动滑移率 λ 的函数，其曲线有一定的特点。

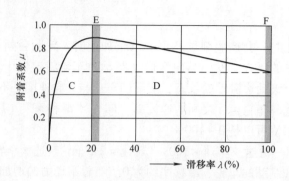

图 2-10　附着系数与滑移率关系

曲线的起始点为 0，此时车轮处于自由滚动的状态。随着制动力增加，曲线急剧上升，直至达到临界滑移率（λ_k），（E 区）。曲线上的最高点为稳定区（C 区）和非稳定区（D 区）之间的极限点。在稳定区内制动是可控制的，汽车可以转向，制动减速度与制动踏板力大致相应。在非稳定区内制动是不可控制的，如果制动踏板力不立即减小，车轮将很快抱死，汽车也将失去控制。之后，随着制动滑移率增加，曲线会比较快地下降，直到制动滑移率为 100%（F 区），车轮抱死。

横向附着系数 μ 作为滑移率 λ 的函数，其曲线也有一定的特点。从图 2-11 可以看出，随着滑移率增加，附着系数在逐渐降低，也就是说车轮越接近抱死，可利用的附着力越低。

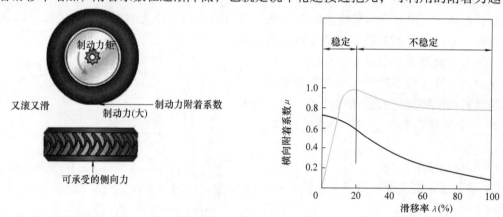

图 2-11　横向附着系数与滑移率关系

当车辆行驶在弯道上并同时制动时，制动力系数（纵向制动力系数）和侧向力系数（横向附着系数）会随着车轮偏转角度 α 的变化而变化，如图 2-12 所示。

综上所述，轮胎的横向附着力、纵向附着力应对不同路面，要共同达到一个最佳效果，最终控制车轮的最佳滑移率。

图 2-13 中显示制动力和滑移率不成正比关系，当滑移率在 10%～30% 之间时，制动力处在最高水平；超过 30% 时，制动力就逐渐下降。因此，为了保持制动力的高水平，滑移率应自始至终保持在 10%～30% 的范围内，还必须保持高水平的转弯能力以保持方向的稳定性。不管路况如何设计，使制动性能达到最好，同时还尽可能保持高的转弯能力，防滑控制制动系统应用 10%～30% 的滑移率。

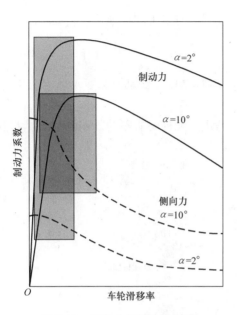

图 2-12　制动力与侧向力关系

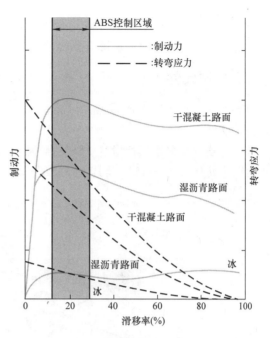

图 2-13　不同路面的附着力

第二节　防抱死制动系统

一、功能说明

ABS 是英文 Antilock Brake System 的缩写，其中文意思为防抱死制动系统。

为了使车辆制动时得到最大的制动力和具有转向能力，车辆的滑动率必须控制在10% ~ 30% 之间，ABS 的作用就是当监测车辆出现打滑（即滑移率大于 30%）时，在驾驶人踩下制动踏板力不变的情况下由控制模块对制动力进行干预，使得滑移率控制在理想范围之内。

ABS 与传统的制动系统协同工作，是一种安全、有效的制动辅助系统，也是目前汽车上制动效果优秀的制动装置。

ABS 能够防止在制动过程中车轮抱死（即停止滚动），从而保证驾驶人在制动时还能控制行驶方向，在某些情况下，如在湿滑路面上还能减小制动距离，提高了车辆的主动安全性。

图 2-14 展示了 ABS 防止在制动过程中车轮抱死的作用，A 表示有 ABS，B 表示无 ABS。当在 AB 处同时制动时，装配有 ABS 车辆，在车辆行驶过程中，对各个车轮的行进速度进行实时监控。每个车轮均配备有

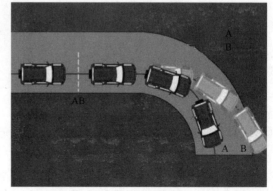

图 2-14　ABS 功能

23

ABS 轮速传感器，一旦监测到车轮抱死的情况发生，将在很短的时间内自动调节车轮的制动力，防止车轮抱死，从而保障车辆操控性与稳定性，同时最大程度地缩短制动距离。

二、组成元件

ABS 主要由汽车轮速传感器、齿圈、ABS 泵电动机总成、制动总泵、ABS 警告灯、制动开关等部件组成。

目前五菱汽车多采用博世的 ABS，其不同版本的组成元件略有不同，下面给出了大多数版本的组成元件（图 2-15）及其工作原理。

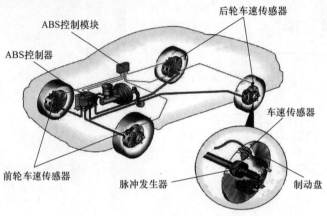

图 2-15　ABS 组成元件

1. 轮速传感器

轮速传感器如图 2-16 所示，安装在前后车轮的轴承座上，它的作用如下：

1）向控制模块提供每个车轮转速的信息。

2）控制模块利用来自轮速传感器的信号来计算车轮速度以及使汽车加速或减速。

2. 轮速传感器工作原理

如图 2-17 所示，五菱目前使用的霍尔式传感器，与三线式霍尔传感器不同，轮速传感器通常采用两线式，多采用地线载波或电源载波。采用地线载波，传感器的地线承

图 2-16　轮速传感器

载传输信号的功能，通常地线电压随轮速呈现方波式高低变化；采用电源载波，传感器的电源线承载传输信号的功能，通常电源线电压随轮速呈现方波式高低变化。

3. 控制模块

ABS 电子控制模块直接安装在液压控制单元上，二者之间不需要外加线束。

控制模块（图 2-18）是整个系统的控制中心，通过硬线以及网络获取车辆状态信息，经过程序计算，控制液压单元的电磁阀，导通或截止相关油路，实现 ABS 功能。

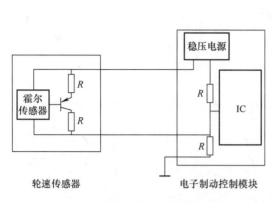

图 2-17 地线载波轮速传感器工作原理

图 2-18 控制模块

4. 液压单元

图 2-19 为液压单元，它负责执行控制模块指令，借助电磁阀，调节各个制动分泵压力。液压单元位于发动机舱内的制动主缸与制动轮缸之间，以便缩短主缸与轮缸之间的液压制动距离。

液压单元装配有输入与输出电磁阀，能够控制各个车轮的制动力。控制模块下达电气电子指令，并负责系统的控制功能。

5. 液压单元内部油路

图 2-20 为液压单元内部油路，由进油电磁阀、出油电磁阀、蓄能器、回油油泵组

图 2-19 液压单元

成。每个车轮都有独立的进油、出油电磁阀，控制此车轮制动轮缸的油路增压（进油）、保压、泄压（出油）。其中，蓄能器用来暂时收纳储存出油电磁阀打开后流出的制动液；回油油泵用来将蓄能器内的制动液"泵"回制动主管路中。

6. 仪表指示灯

位于组合仪表中的 ABS 状态制动灯是用来显示 ABS 状态的，如图 2-21 所示。

当点火开关打开至自检完成时点亮，自检完成后，如果系统正常，指示灯熄灭。

电子控制模块自检过后或运行过程中发现故障时，点亮 ABS 指示灯，并且取消 ABS 功能。ABS 还采用了制动总泵、制动分泵、制动开关等部件。

三、工作原理

在行驶中，电子控制模块不断从 4 只轮速传感器中接收到 4 只车轮速度的信号，并通过电子控制模块计算各车轮的速度和减速度来推算车辆的速度。当踩下制动踏板时，各轮缸里的液压压力开始增压，车轮的速度开始下降。如果哪个车轮要抱死时，电子控制模块就在那只车轮降低压力。ABS 的工作原理如图 2-22 所示。

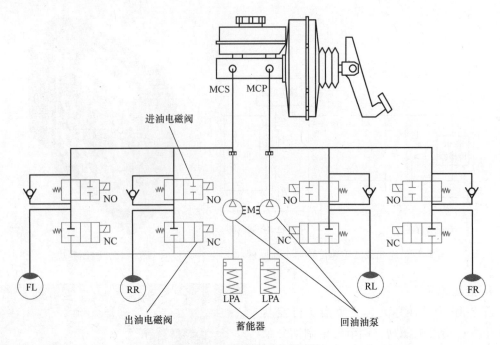

图 2-20 液压单元内部油路

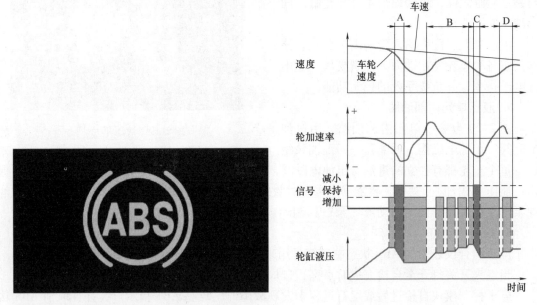

图 2-21 仪表指示灯

图 2-22 ABS 工作原理

A 区域。按照车轮的减速率，电子控制模块把电磁阀设定到压力减小的方式，这样就降低分泵里的压力。在压力下降后，电子控制模块就把电磁阀转换到"压力保持阶段"方式上来监视车轮速度变化。如果电子控制模块仍需要进一步降低，它将再次降低压力。

B 区域。当轮缸里的压力下降（A 区）时，施加到车轮上的液压力也下降。这样即使抱死的轮胎的转速升高，但是液压力保持下降，作用在车轮上的制动力就变低。为了防止这种现象，在锁定边缘的车轮恢复速度时，电子控制模块把电磁阀交替设定到"压力增加阶段"

和"压力保持阶段"。

C区域。当电子控制模块（B区）逐步增加轮缸里的压力，轮胎又趋于锁住状态。因此电子控制模块又把电磁阀转换到"压力减少阶段"方式上来减少轮缸内的液压压力。

D区域。由于轮缸里的液压压力又下降（C区），电子控制模块又开始增加压力。

制动轮缸的压力调节最终是通过控制模块控制相应的电磁阀以及液压阀来实现的。ABS液压阀工作过程一般分为正常制动、减压、保压和增压4个状态。

1. 正常制动

如果施加给车轮的制动压力不足以使车轮抱死，则主缸产生的压力通过常开阀传达到车轮轮缸，起到制动作用。不需要进一步的制动时，驾驶人减少对制动踏板的压力，则各车轮的制动液返回到主缸，制动压力减小，如图2-23所示。

电磁阀(Solenoid Valve)	通电状态	电磁阀状态
常开阀(NO Valve)	OFF	Open
常闭阀(NC Valve)	OFF	Close

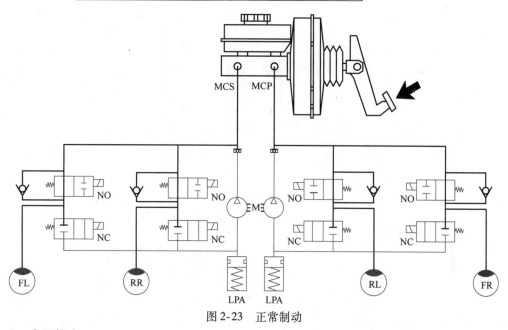

图2-23　正常制动

2. 减压状态

如图2-24所示，如果施加的制动压力过大，车轮比车身更急速地减速，即将要发生车轮抱死现象。这种情况下ECU会向HCU传达降低车轮压力的指令，即常开阀隔断油路，常闭阀的油路开启，降低车轮轮缸的压力。此时车轮分泵放出的制动油临时储存到低压储油器（LPA）。储存于LPA内的制动液被随电动机旋转而启动的油泵抽回到主缸。制动液返回油路上的高压储油器（HPA），利用量孔流体阻力降低由于油泵的运行而产生的高压脉动。

3. 保压状态

通过减压或增压对车轮轮缸施加适当的压力时，常开及常闭阀关闭而维持车轮轮缸的压力，根据车轮抱死与否，ABS工作到车辆完全停止为止，车辆的安全性与转向随之得到保障，如图2-25所示。

电磁阀(Solenoid Valve)	通电状态	电磁阀状态
常开阀(NO Valve)	ON	Close
常闭阀(NC Valve)	ON	Open

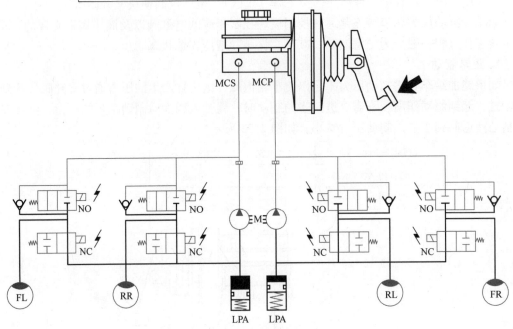

图 2-24　减压状态

电磁阀(Solenoid Valve)	通电状态	电磁阀状态
常开阀(NO Valve)	ON	Close
常闭阀(NC Valve)	OFF	Close

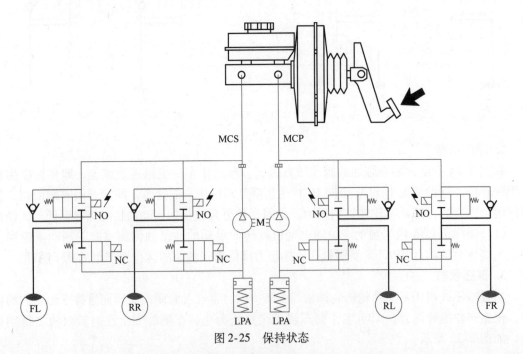

图 2-25　保持状态

4. 增压状态

实施减压时，如果排出过量的制动液或者车轮与路面间的摩擦系数增加，则需要增加各车轮的压力。如图 2-26 所示，这种状态下 ECU 向 HCU 传达增加车轮压力的指令，即常开阀开启油路，常闭阀关闭油路，增加车轮分泵的压力。实施减压，储存于 LPA 内的制动液在增压状态下也继续转动油泵排出制动液，此时的制动液通过主缸及常开阀供应到各车轮轮缸。制动液返回油路上的 HPA，利用量孔流体阻力降低由于油泵的运行而产生的高压脉动。

以上四种状态，在 ABS 控制模块检测车辆状态，不断连续控制，实现制动最优化的控制。

电磁阀(Solenoid Valve)	通电状态	电磁阀状态
常开阀(NO Valve)	OFF	Open
常闭阀(NC Valve)	OFF	Close

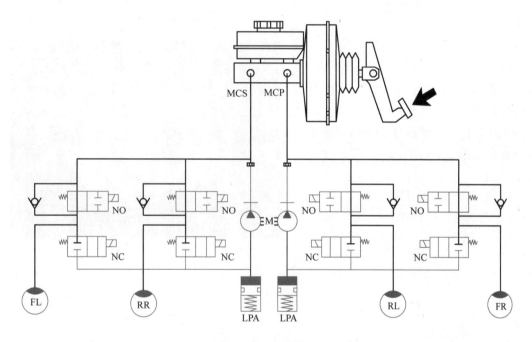

图 2-26　增压状态

第三节　电子制动力分配系统

EBD 的英文全称是 Electric Brakeforce Distribution，中文直译就是"电子制动力分配"。自动调节前、后轴的制动力分配比例，提高制动效能（在一定程度上可以缩短制动距离），并配合 ABS 提高制动稳定性。

一、功能说明

EBD 是 ABS 中附加的一套控制程序。在越来越多的电子控制制动系统中，EBD 逐步取代了传统制动系统常用的比例阀、感载阀、后轮制动压力调节阀等。

在制动的时候，车辆四个车轮的卡钳均会动作，将车辆停下。但由于路面状况会有变异，加上减速时车辆重心的转移，四个车轮与地面间的抓地力将有所不同。传统的制动系统会平均将制动主缸的力量分配至四个车轮，而这样的分配并不符合实际制动力的使用效益，因此 EBD 系统便被发明以使制动力分配达到最佳，如图 2-27 所示。

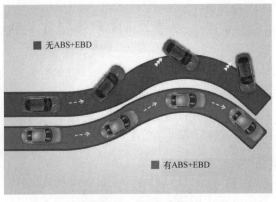

图 2-27　EBD 功能

二、组成元件

如前所述，EBD 是在 ABS 基础上的控制程序，无需增加部件即可实现 EBD 功能。

当控制模块在自检或行车时监测到某些故障，可能导致 EBD 功能失效的情况下，会点亮 EBD 故障指示灯。EBD 没有单独的故障指示灯，其与驻车灯或制动液位指示灯共有。因此行驶中当出现驻车灯常亮时，如图 2-28 所示，可能的故障原因如下：

1）驻车开关信号异常。

2）制动液位信号异常。

3）控制模块监测到了某些故障码；一般情况下，如果是控制模块监测了某些故障码而导致的驻车灯点亮，其同时 ABS 故障指示灯也点亮。

图 2-28　EBD 指示灯

三、工作原理

在制动期间，ABS 在发生车轮滑动摩擦（车轮抱死）时介入制动控制，而 EBD 早于 ABS 介入制动控制。

如果在车辆向前直行时制动，重心施加到前轮。电子控制模块根据来自速度传感器的信号决定这种情况，并控制电子控制模块控制执行器，以便最佳地控制对前后轮的制动力分配，如图 2-29 所示。

在制动过程中，施加到后轮上的载荷是随车辆的载荷情况而定的。施加到

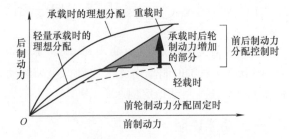

图 2-29　EBD 工作原理

后轮的载荷量也按照减速的程度情况而变化。这样，对后轮的制动力分配得到最佳控制，以便在这种情况下有效利用后轮的制动力。

EBD 功能只需要根据车轮滑移率调整后轮制动力。如图 2-30 所示，其中 A 表示制动力附着系数 μ，B 为制动滑移率 λ（%），C 为稳定区，D 为非稳定区，E 为临界区 λk，而 F 为抱死区。对于装备 EBD 系统的车辆来说，后轮在 ABS 动作之前也可以保持最佳的制动力状态。正常制动过程中，在 ABS 起作用之前，由 ABS 控制液压控制单元中的电磁阀限制后轮制动压力，减小后轮抱死的可能性，这就意味着 EBD 系统在 95%

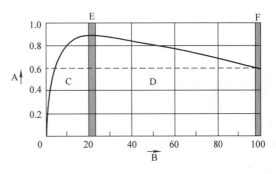

图 2-30 EBD 工作区域

的制动操作中起作用，而 ABS 只控制了 5% 的阶段。如果因为某种因素车轮依然有抱死的倾向，则 ABS 介入控制。

EBD 功能工作时的特点如下：

1）回油泵在 EBD 控制期间不参与工作。

2）制动期间 EBD 系统只对后轮作用，连续减少两个后轮的制动压力，因此车轮抱死的可能性几乎不存在。

3）EBD 功能故障会导致系统失效并且点亮故障指示灯，EBD 功能通常利用制动系统警告灯指示。

第四节　牵引力控制系统

牵引力控制，其英文全称为 Traction Control System，简称为 TCS。车辆配置 ABS、EBD 后，可在车辆制动期间较安全的实现制动，但车辆驱动期间，同样存在车辆打滑失去附着力的情况，此时就需要 TCS 参与工作。

一、功能说明

通常 TCS 是由 ABS 增加部分部件后升级演变而来，所以配备 TCS 的车辆不仅有 ABS 和 EBD 的功能，还增加了在牵引车辆期间实现车轮良好附着力的功能。

当车辆行驶在湿滑路面上或驾驶人操作不当猛踩节气门时，驱动力大于轮胎与地面的附着力，驱动轮一个或两个同时出现打滑现象，车辆不能正常行驶。TCS 监测到驱动轮有打滑的现象发生后，控制单元进行主动干预，减小驱动轮打滑的现象发生，从而保证车辆的正常行驶能力，如图 2-31 所示。

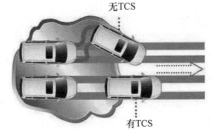

图 2-31 TCS 功能

二、组成元件

TCS 是在增加了部分部件的基础上实现控制的，有大量公用部件，这里就不再复述，只介绍增加的部件或元件。

1. 隔离阀、启动阀

原 ABS 有 8 个电磁阀，即 4 个进液阀、4 个泄压阀。带 TCS 功能的控制模块，增加了 2 个隔离阀、2 个启动阀，总共有 12 个电磁阀，如图 2-32 所示。

隔离电磁阀的作用是将后制动回路与制动主缸隔离开来，从而防止制动液在牵引力控制系统或车身稳定控制系统工作时回流至制动主缸。

启动电磁阀的作用是在牵引力控制系统或车身稳定控制系统工作期间，制动液从制动主缸流到液压泵中。

2. 压力传感器

压力传感器内置在液压单元内，如图 2-32 画圈处所示，用来检测来自制动主缸管路的制动液压力。

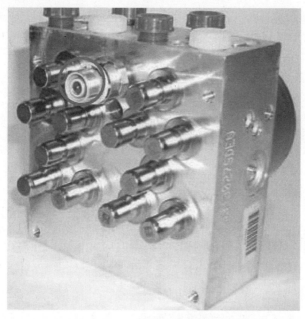

图 2-32　TCS 液压控制单元

3. 发动机控制单元

发动机控制单元在 TCS 中的作用是配合 TCS 控制牵引力（发动机输出转矩），如图 2-33 所示。

TCS 控制模块（与 ABS 共有）通过 CAN 网络与发动机控制单元通信，协同工作。

4. TCS 状态指示灯

TCS 状态指示灯有两个，如图 2-34 所示，其中左侧为工作状态指示灯，右侧为 TCS 关闭指示灯。

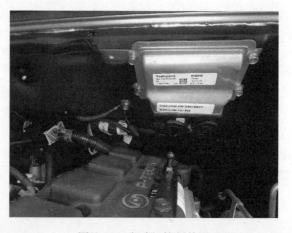

图 2-33　发动机控制单元

1）当仪表上的黄色 TCS 灯闪烁时，表明 TCS 正在工作。

2）当黄色 TCS 灯常亮时，表明系统出现故障。

3）当仪表关闭指示灯常亮时，表明 TCS 功能已经关闭。

5. TCS 取消开关

通过按压 TCS 取消开关，如图 2-35 所示，可以激活或终止牵引力控制功能。

每次打开点火开关时，系统默认的状态为激活。

当按下 TCS 开关后，TCS 功能被关闭，但 ABS 和 EBD 等功能仍然有效。当车速超过设定值（一般在 80km/h），TCS 功能自动恢复。

图 2-34 TCS 状态指示灯

图 2-35 TCS 取消开关

三、工作原理

TCS 主控制模块依然与 ABS 控制模块共用，或者说是通过升级控制程序共用，但其控制不仅仅是控制制动系统，还要控制发动机输出的牵引力，对于配备自动变速器的车型，还会对自动变速器控制模块下达转矩控制指令。

当驱动轮开始打滑时，控制模块将启用牵引力控制功能，如图 2-36 所示。

1. 转矩控制

控制模块向 ECM 发送一个减少输出转矩的请求信息；ECM 开始减少输出转矩的量，并记录已减少的转矩量。

2. 制动控制

假如 ECM 减少的输出转矩不能阻止驱动轮的打滑，控制模块将对打滑的驱

图 2-36 TCS 控制原理

动轮进行主动制动；在牵引力控制期间，每个车辆都将进行压力控制，目的是防止驱动轮打滑。控制模块控制适当的电磁阀打开或关闭，去调节打滑车轮的制动压力。

在牵引力控制系统或车身稳定控制系统不工作时，隔离电磁阀和启动电磁阀都不工作，保证 ABS 和 EBD 功能的正常工作。

如图 2-37 所示，当牵引力控制系统工作时，控制模块会控制回流泵工作来建立制动压力，为了防止制动液回流至制动主缸，控制模块必须控制隔离电磁阀工作，将制动回路与制动主缸隔离开来。同时为了保证回流泵能源源不断地提供回流泵工作所需的油液，启动电磁阀也必须工作，将制动主缸与液压泵的回流路径导通。

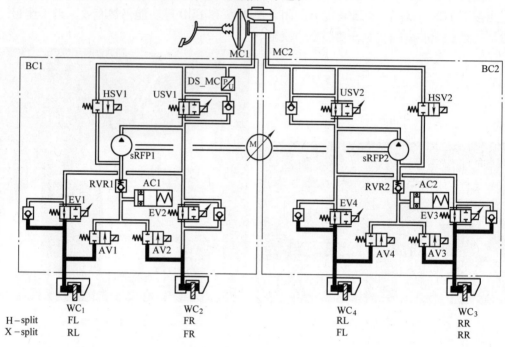

图 2-37　牵引力控制

MC—制动主缸　BC—液压单元　DS—压力传感器　HSV—启动阀　USV—隔离阀　M—回流电动机
sRFP—回流泵　EV—进液阀　AV—液压阀　AC—蓄能器　WC—制动轮缸　H–split—H 型液压管路布置
X–split—X 型液压管路布置

第五节　电子车身稳定控制系统

电子车身稳定控制是英文全称是 Electronic Stability Control，缩写为 ESC。ESC 系统不仅能够在车辆制动与加速过程中增强车身稳定性，还能有效应对各类行车情况。当车辆出现侧滑迹象时，ESC 自动介入，降低发动机动力并为各个车轮施加不同的制动效果。

一、功能说明

ABS 可实现制动防抱死，是车轮在不失去附着力的情况下实现制动性能最优化；EBD 可实现前后制动力优化分配；TCS 对车轮牵引力更优控制。然而在车辆行驶中，某些情况下并未出现驾驶人主动制动，或是并未出现牵引力过大，而是在紧急转向、车轮由于路面失去附着力等情况，出现转向过度或不足时，如果车辆出现失控，车身稳定控制系统能够提供更多的稳定性控制。

ESC 能够同时精确测量四个车轮的制动力。这样，在车辆不按转向意图行驶时，车辆可以被"拉"回到正确的行驶轨迹上，如图 2-38 所示。

ESC 除了上述功能，同时还涵盖 ABS、EBD、TCS 功能。

二、组成元件

前面描述 ESC 可在转向过度或转向不足时，为车辆提供更多的稳定性，这就需要在 ABS、EBD、TCS 系统部件上增加更多的部件或元件，来实现这些功能。

图 2-38　ESC 功能说明

1. 转向盘转角传感器

转向盘转角传感器如图 2-39 所示，其作用是控制模块来监测驾驶人的意图，即驾驶人打动转向的角度、速度和方向。

目前常见的转向盘转角传感器有两种类型，一种是安装于转向盘下方的单独的转向盘转角传感器，另一种是与配置有 EPS 共用的转向盘转角度传感器。

C210MR 采用 EPS 系统内的转向盘转角传感器。

图 2-39　转向盘转角传感器

2. 多角度传感器

此传感器用来监测车辆当前的姿态。多角度传感器，也称偏航率传感器，它集成了偏航角传感器、侧向加速度传感器、横向加速度传感器，如图 2-40 所示。

多角度传感器通过 CAN 向控制模块提供偏航角角度、侧向加速度、横向加速度来控制车身稳定性。

多角度传感器通常要求安装在车辆中心位置。

3. ESC 取消开关

ESC 取消开关与 TCS 共用。通过按压 ESC 控制开关，可以激活或终止 ESC 控制功能，如图 2-41 所示。

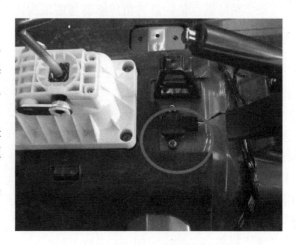

图 2-40　多角度传感器

每次打开点火开关时，系统默认的状态为激活。

当按下 ESC 开关后，ESC 功能被关闭，但 ABS 和 EBD 等功能仍然有效。当车速超过设定值（一般在 80km/h），ESC 功能自动恢复。

4. ESC 状态指示灯

ESC 状态指示灯与 TCS 指示灯也是共用，如图 2-42 所示。

1）当仪表上的黄色 ESC 灯闪烁时，表明 ESC 正在工作。

2）当黄色 ESC 灯常亮时，表明系统出现故障。

3）当仪表关闭指示灯常亮时，表明 ESC 已经关闭。

图 2-41　ESC 取消开关

图 2-42　ESC 状态指示灯

三、工作原理

ESC 系统通过转向盘转角传感器与多角度传感器信号，结合其他信号判定车辆是否出现转向不足或过度。

1. 转向不足或过度

转向不足：一辆出现转向不足特性的车，如果左转向时，会在前轮上产生向外拉的效果；而通过 ESC 在左后轮上施加制动力，车将被拉回到正确的行驶轨道上来，如图 2-43 所示。

转向过度：一辆出现转向过度特性的车，如果左转向时，会在后轮上产生向外拉的效果而跑离弯道。此时，通过在右前轮上施加制动力，ESC 会相应产生一个具

转向不足　　　　转向过度

图 2-43　转向不足或过度

有稳定作用的顺时针转矩，从而将车拉回到正确的行驶轨迹上来。

2. ESC 控制

ESC 修正转向过度或转向不足，与牵引力控制类似，如图 2-44 所示，具体措施如下：

1）与发动机、变速器控制单元协调动力系统输出到车轮上的驱动转矩。

2）控制液压控制单元中的电磁阀，合理控制车轮的制动力（轮速）。

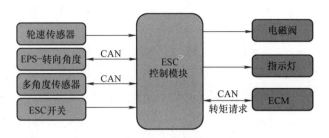

图 2-44 ESC 控制

第六节 电子制动系统故障诊断与维修

电子制动系统是当前汽车必须配备的系统，作为高级技师，必须掌握该系统故障诊断系统的技能。电子制动系统的故障诊断方法包含读取故障码、读取并分析输入输出数据流、执行动作测试诊断、部件诊断与标定程序。

一、读取故障码

为了准确诊断电子制动系统故障，在使用诊断仪读取电子制动系统故障码前，应确保你的诊断仪软件已经升级至最新版，如图 2-45 所示。

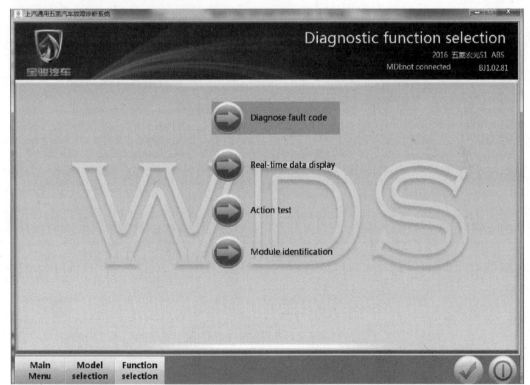

图 2-45 读取故障码

目前，诊断仪中未提供故障码的冻结数据帧功能。表 2-1 是电子制动系统常见的故障码以及可能出现的故障原因。为高效诊断电子制动系统，要了解并掌握这些内容，并会对可能的故障原因进行排查。

表 2-1　电子制动系统常见的故障码、故障原因及应对措施

故障码	可能的故障原因	应对措施
DTC C109904：轮速传感器一般故障（传感器互换，多传感器错误）	内部软件配置错误或轮速集成 IC 配置错误 轮速传感器多通道时间标志错误 硬件故障导致轮速传感器测试无法工作（晶体管比较器或定时器故障） 由 ECU 提供给轮速传感器的电源电压过低 前轴轮速传感器被左右交换 后轴轮速传感器被左右交换 一个以上轮速传感器同时发生故障	将点火开关置于 OFF，断开 K17 模块的插接器，断开相应的轮速传感器线束插接器，确认相关线路是否存在开路、对搭铁短路、对电源短路情况 检查各轮速传感器接入到 K17 模块的对应针脚是否正确（是否存在左右轮速传感器被交换情况） 如果所有电路测试正常，则更换 K17 模块
DTC C00A000：左前轮速传感器电源线对搭铁短路 DTC C00A200：右前轮速传感器电源线对搭铁短路 DTC C00A400：左后轮速传感器电源线对搭铁短路 DTC C00A600：右后轮速传感器电源线对搭铁短路	轮速传感器电源线对搭铁短路	将点火开关置于 OFF，断开相应的轮速传感器线束插接器，测量线束插接器端的电源针脚与搭铁之间的电阻值是否为无穷大。若该值为 5Ω 左右，则修理相关线束 如果所有电路测试正常，则更换 K17 模块
DTC C00A100：左前轮速传感器信号线对电源短路 DTC C00A300：右前轮速传感器信号线对电源短路 DTC C00A500：左后轮速传感器信号线对电源短路 DTC C00A700：右后轮速传感器信号线对电源短路	轮速传感器信号线对电源短路	将点火开关置于 OFF，断开相应的轮速传感器线束插接器 将点火开关置于 ON，用数字万用表测量线束端信号针脚与搭铁电压是否为零。若电压值不为零，则修理相关线束 将轮速传感器线束插接器断开，在轮速传感器的插接器两针脚间接入 12V 电源并串联电流表，电源正极连接供电针脚，电源负极连接信号针脚。慢慢转动车轮观察电流表示数是否在规定范围。若不在 7mA～14mA 之间波动，则更换轮速传感器 如果所有电路测试正常，则更换 K17 模块
DTC C001004：左前进油阀故障 DTC C001104：左前出油阀故障 DTC C001404：右前进油阀故障 DTC C001504：右前出油阀故障 DTC C001804：左后进油阀故障 DTC C001904：左后出油阀故障 DTC C001C04：右后进油阀故障 DTC C001D04：右后出油阀故障	内部阀驱动集成电路寄存器动作测试不匹配 阀阻值超出范围（过大或过小） 阀驱动反馈的阀缺陷 阀驱动集成电路反馈的阀缺陷 阀电流值不符合设置值 检测到 PWM 偏差	将点火开关置于 OFF，断开模块插接器 检查 X50A 熔丝盒内 25A 的电池阀供电保险 F1 是否完好。熔丝两端应均为 12V 左右电压，否则更换熔丝 测试熔丝盒 X50A 的端子 C2 与模块插接器端子 1 之间线束是否正常。若该段线路存在开路、对搭铁短路，则修理线束 如果所有电路测试正常，则更换 K17 模块

（续）

故障码	可能的故障原因	应对措施
DTC C007208：阀组故障（过热保护，信号无效，硬件损坏）	不稳定的供电电压或供电系统漏电过高 诊断控制阀动作时间过长（过热保护） 上电时，读取超出阀驱动集成芯片内存地址范围 阀驱动集成芯片的供电电压低于阀值 EEPROM 错误	将点火钥匙置于 OFF 5min 以上，待各个电磁阀冷却 检查 25A 的电磁阀供电线路是否正常。若线路存在短路、电阻过高情况，则修理线束 读取故障码，确认故障码是否排除 如果所有电路测试正常，则更换 K17 模块
DTC C109504：阀继电器错误	阀继电器电压过低 阀继电器过低短路 阀继电器无法开启或者反馈电路芯片错误 阀继电器无法关闭或者反馈电路芯片错误	检查 25A 的电磁阀供电线路是否正常。若线路存在短路、电阻过高情况，修理线束 读取故障码，确认故障码是否排除 如果所有电路测试正常，则更换 K17 模块
DTC C002004：回流泵故障	电动机反转测试失败 检测到电动机继电器短路 检测到电动机继电器过载 过热保护	将车辆静止 5min 以上 测试电动机供电电源线路中的 40A 熔丝是否正常 测试供电线路是否有开路、短路故障 使用诊断仪的动作测试功能，控制电动机运行。应能听到电动机运行的声音 如果所有电路测试正常，则更换 K17 模块
DTC C006B06：ABS 不合理控制（控制时间过长等）	一个或多个车轮上有连续长时间的控制 前轴连续大于 10s 周期的车辆动态控制 ABS 紧急制动故障	将车辆提速至 60km/h 以上，在不制动情况下，用诊断仪读取四个轮速的轮速值；四个轮速值应基本一致，若发现某一与其他轮速差异大，则对该轮速进行检查，检查器信号线、电源线是否存在故障，检查轮速传感器与齿圈之间的间隙是否在规定值范围（前轮速传感器 1.15mm，后轮速传感器 0.6mm） 如果所有电路测试正常，则更换 K17 模块
DTC C121343：硬件代码不匹配	ECU 自身存储的硬件代码与配置代码中的硬件代码信息不一致	进入诊断仪的 ABS/ESP 售后在线配置系统。输入该车 VIN 码，登入上汽通用五菱售后服务器获取该车的在线配置信息。对该车重新进行 ABS/ESP 在线配置；清除故障码；完成在线配置，该故障排除

（续）

故障码	可能的故障原因	应对措施
DTC C003108：左前轮速传感器信号故障（超出范围，噪声，间歇性的），线路对搭铁短路或开路 DTC C003408：右前轮速传感器信号故障（超出范围，噪声，间歇性的），线路对搭铁短路或开路 DTC C003708：左后轮速传感器信号故障（超出范围，噪声，间歇性的），线路对搭铁短路或开路 DTC C003A08：右后轮速传感器信号故障（超出范围，噪声，间歇性的），线路对搭铁短路或开路	轮速传感器电源线对搭铁短路 轮速传感器信号线对电源短路 轮速传感器信号线对搭铁短路或线路中断（电源线或信号线） 轮速传感器线路故障（无法监测到准确故障原因） 轮速传感器线路故障（电源线或信号线对搭铁短路、信号线对电源短路、电源线或信号线中断） 轮速传感器型号错误 超过最大轮速值 丢失轮速信号 检测到轮速偏差 轮速信号干扰	将点火开关置于 OFF，断开 K17 模块的插接器，断开相应的轮速传感器线束插接器，确认相关线路是否存在开路、对搭铁短路、对电源短路情况 检查轮速传感器头部与信号轮之间的间隙是否在要求范围（前轮要求为 1.15mm，后轮要求为 0.6mm） 将轮速传感器线束插接器断开，在轮速传感器的插接器两针脚间接入 12V 电源并串联电流表，电源正极连接供电针脚，电源负极连接信号针脚。慢慢转动车轮观察电流表示数是否在规定范围。若不在 7mA 和 14mA 附近波动，则更换轮速传感器。如果所有电路测试正常，则更换 K17 模块
DTC C00A900：左前轮速传感器一般故障 DTC C00AA00：右前轮速传感器一般故障 DTC C00AB00：左后轮速传感器一般故障 DTC C00AC00：右后轮速传感器一般故障	轮速传感器线路故障（没有检测到确切的故障原因）	将点火开关置于 OFF，断开 K17 模块的插接器，断开相应的轮速传感器线束插接器，确认相关线路是否存在开路、对搭铁短路、对电源短路情况 如果所有电路测试正常，则更换 K17 模块
DTC C019604：偏航率传感器组件故障（硬件故障，温度，范围，内部故障）	上电后，偏航率传感器组件被检测到故障 （硬件故障，温度，范围，内部故障）	用全新的 YRS 偏航率传感器组件替换，进行测试，确认故障是否存在（测试前，需对新传感器进行标定）。若故障消除，则确认为原传感器故障 如果所有电路测试正常，则更换 K17 模块
DTC C004008：制动灯开关故障（不合理）	检测到不合理的制动灯开关信号	将点火开关置于 ON，用脚踩制动踏板，观察诊断仪上的制动开关状态数据流状态应有相应的变化 检查 X50A 熔丝中 15A 的制动灯保险是否正常 检查制动开关的供电线路是否有开路或对搭铁短路故障 检查制动开关至 K17 模块之间的线路是否正常 如果以上电路测试正常，则更换制动开关总成 如果所有电路测试正常，则更换 K17 模块

（续）

故障码	可能的故障原因	应对措施
DTC C046008：转向盘转角信号故障	转向盘转角信号不合理 转向盘转角信号丢失 转向盘转角信号自学习值超过极限（15°） 不可信的信号梯度	起动发动机，转动转向盘，查看诊断仪上能否检测到转向盘数值的相应变化。若转向盘信号数据无变化，修理 EPS 系统的转向盘转角传感器 执行 EPS 的转向盘转角传感器初始化程序，同时执行 ESC 转向盘自学值清除程序后，确认故障是否还存在 如果所有电路测试正常，则更换 K17 模块
DTC U000104：CAN BUS OFF 故障	上电后，连续 100ms 监测到 BUSS OFF 故障	重新上电，确认故障码是否还存在 若无故障码则更换 K17 模块
DTC U012308：与偏航率传感器失去通信	上电后，无法接受来自偏航率传感器的信号	重新上电，确认网络故障是否还存在 检查偏航率传感器与 ECU 之间的私有 CAN 总线是否存在短路或开路故障
DTC U010104：TCU 通信超时	上电 700ms 后，连续 50ms 丢失来自 TCU 的网络数据	重新上电，确认网络故障是否还存在 排除 TCU 存在的故障

二、读取输入输出数据

为了准确诊断电子制动系统，在使用诊断仪读取电子制动系统输入输出数据前，要确保你的诊断仪软件已经升级至最新版，如图 2-46 所示。

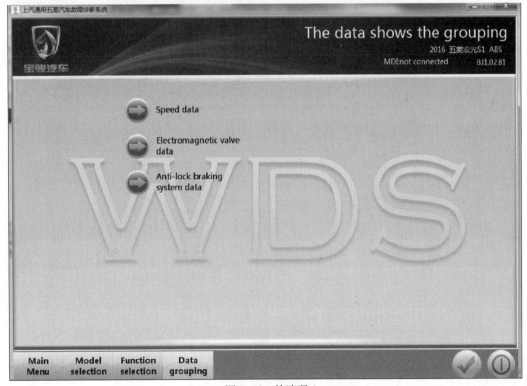

图 2-46 故障码

通过诊断仪，可读取速度数据、电磁阀数据以及电子制动系统数据。如图 2-47 所示，图中是制动系统中速度数据，通过读取速度数据，可观测车速、轮速、转向盘角度、多角度传感器等数据是否存在异常。

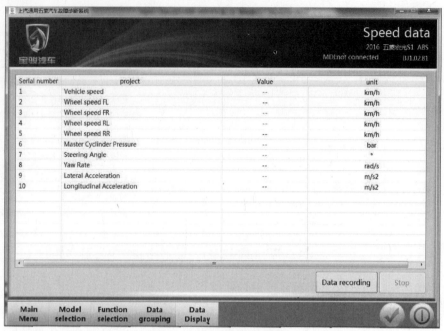

图 2-47　故障码：速度数据

图 2-48 是制动系统中电磁阀数据，通过读取电磁阀数据，可观测油泵、前后各车轮进油、出油电磁阀等数据是否存在异常。

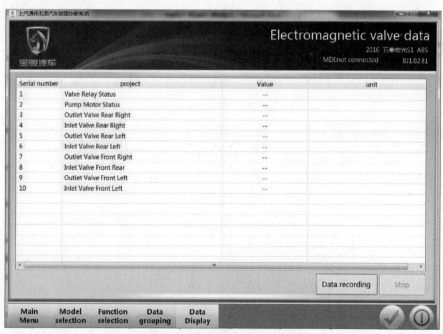

图 2-48　故障码：电磁阀数据

图 2-49 是制动系统中电子制动系统数据，通过读取系统数据，可观测系统电源电压、制动灯开关等数据是否存在异常。

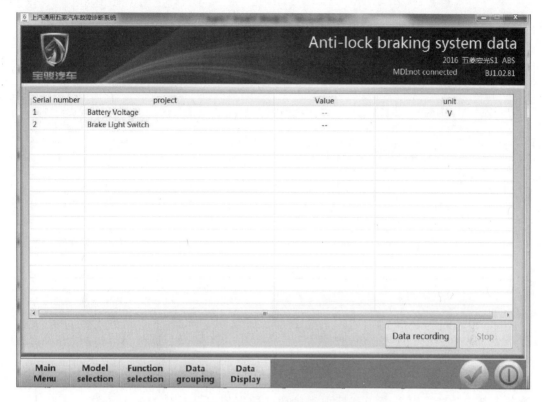

图 2-49 故障码：电子制动系统数据

三、动作测试诊断

电子制动系统的油泵、液压控制单元的电磁阀等执行器，是否能够工作，可通过诊断仪的特殊功能菜单做相应的动作测试来检查其状态。

图 2-50 是制动系统中电子制动系统数据，通过动作测试，可让各个轮缸液压管路中的电磁阀、泵电动机工作起来，结合制动踏板踏力、轮缸制动力以及电磁阀、泵电动机动作声，来判定各个执行器的工作状态。

四、部件诊断与标定程序

电子制动系统的部件诊断以及标定程序，需要借助最新版本的诊断仪，以及电气诊断工具来对其诊断。

1. 部件诊断

电子制动系统中电磁阀、泵电动机以及压力传感器集成在控制模块液压单元总成内，其他轮速传感器、转向盘转角传感器以及多角度传感器是外置，接下来就这些部件展开对其诊断的方法。

对于集成在控制模块内部件的诊断方法，是通过诊断仪读取相应的数据流、对其进行动

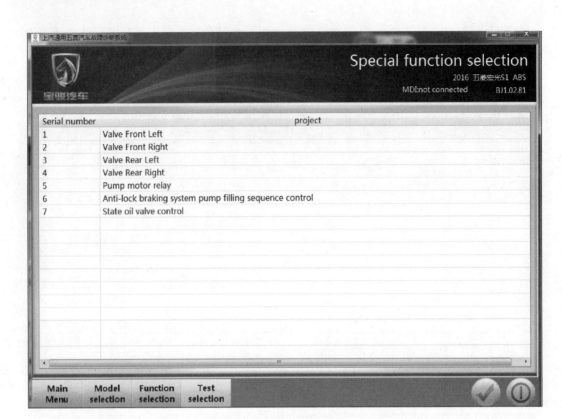

图 2-50　动作测试诊断

作测试来判定故障。可参考上述读取故障码、数据流以及动作测试的方法，这里就不再复述。

1）轮速传感器诊断。目前轮速传感器，如图 2-51 所示，采用地线载波或电源载波技术传输信号，对其诊断检测要点如下：

① 检查信号齿有无变形或缺齿，检查传感器头部是否有过多铁屑，检查传感器与信号齿的间隙是否合适。

② 检查传感器信号电压。在不拔下传感器的状态下，用万用表直流电压档测量信号电压，正常时应随信号齿与传感器的接近、离去，其信号电压在一定范围内变化，具体参考维修手册。

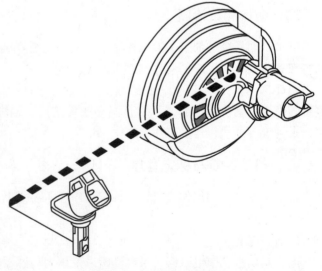

图 2-51　轮速传感器诊断

③ 如果没有电压变化，需在点火开关打开的状态下检测传感器的供电电源。

④ 检查信号回路是否对搭铁或电源短路、断开等。

44

如果以上检查都正常，可判断为控制模块本身故障，应该进行更换。

2）转向盘转角传感器诊断。由于转向盘转角传感器（图2-52）与EPS系统共有，且传感器安装在EPS总成内，ESC接受的转向盘转角传感器是由EPS将此信号通过CAN网络发出的，因此该传感器的诊断可在EPS系统内进行，通常传感器的故障需要更换EPS转向柱总成。在排除传感器标定错误和网络通信方面的故障后，如果传感器信号异常，基本可判定是EPS系统故障引起的。

3）多角度传感器诊断。图2-53为外置的多角度传感器，通过专属CAN网络将车辆姿态信息发送给ESC控制模块，传感器插接器通常只有电源、搭铁及两根CAN网络线，因此对该传感器的诊断通常借助诊断仪读取对应的故障码，如果出现对应的故障码，检测传感器的电源、搭铁以及CAN网络是否异常。

此外，注意传感器的安装方向，传感器外观上都有向前标示，须让标示指向车辆前方。

图2-52 转向盘转角传感器诊断

图2-53 多角度传感器诊断

2. 标定程序

电子制动系统在更换或拆卸部分部件后需要执行相对应的标定程序，通常标定程序有转向盘转角传感器标定，ABS在线配置和多角度（偏航率）传感器标定。

1）转向盘转角传感器标定。图2-54为转向盘转角传感器标定，在下列情况需执行标定操作（针对CN210MR）：

① 更换转向助力电动机及转向柱总成。

② EPS模块进行软件升级。

③ 更换转向机。

④ 维修更改车轮定位参数的撞击。

⑤ 标定方法请参考EPS系统中转向盘转角传感器标定方法。

2）ABS在线配置。当完成转向盘转

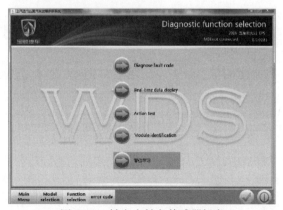

图2-54 转向盘转角传感器标定

45

角传感器标定后，需使用诊断仪对 ABS、ESC 系统进行在线功能配置，如图 2-55 所示。

操作方法在诊断仪首页的"刷新与匹配"菜单中，安装诊断仪提示，完成相应的操作即可。

3）多角度（偏航率）传感器标定（图 2-56）。多角度加速度传感器不需要经常校准。在发生了以下维修操作程序时，才需要执行传感器的校准：

① 更换电子制动控制模块。

③ 更换多角度加速度传感器。

③ 安装多角度传感器的车身发生了碰撞变形。

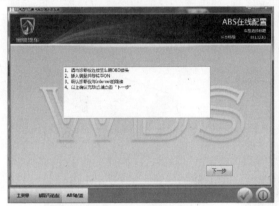

图 2-55　ABS 在线配置　　　　　图 2-56　多角度（偏航率）传感器标定

传感器校准时，利用诊断仪按照以下步骤执行：

1）将车辆放置在一个水平地面上。

2）拉起驻车制动，自动变速器变速杆放到 P 位。

3）点火开关置于 ON，关闭发动机。

4）在多角度传感器菜单中选择"多角度加速度传感器配置与设置"。

5）用诊断仪完成传感器的校准。

6）清除任何可能设置的故障码。

第七节　学习成果自检

本章的学习目标你已经达成了吗？请通过思考以下问题进行结果检验。

序号	问　题	自检结果
1	你了解电子制动系统发展的过程吗	
2	滑移率、附着系数等表示什么含义	
3	ABS 能提供什么样的功能	
4	ABS 由哪些元件组成	
5	ABS 是如何工作的	

（续）

序号	问　题	自检结果
6	EBD 系统能提供什么样的功能	
7	EBD 系统由哪些元件组成	
8	EBD 系统是如何工作的	
9	TCS 能提供什么样的功能	
10	TCS 由哪些元件组成	
11	TCS 是如何工作的	
12	ESC 系统能提供什么样的功能	
13	ESC 系统由哪些元件组成	
14	ESC 系统是如何工作的	
15	在电子制动系统中，使用诊断仪读取故障码，是否可显示 DTC 的冻结数据	
16	在电子制动系统中，使用诊断仪可观测到哪些数据	
17	电子制动系统可使用诊断仪对执行器做哪些动作测试	
18	轮速传感器如何诊断其故障？更换 ESC 控制单元后，需要做哪些标定程序	

第八节　练　习　题

1. 单项选择题

1）车轮完全抱死的滑移率是（　　　）。

A	0%
B	20%
C	80%
D	100%

2）影响制动力附着系数的因素是（　　　）。

A	制动滑移率
B	汽车重量
C	轮胎
D	车速

2. 多项选择题

1）当行驶的车轮遇到紧急刹车时，车轮受到什么样的力？（　　　）

A	车身重力
B	地面的反向作用力
C	制动器对车轮的制动力矩
D	地面对车轮的制动力

2）下面对 ABS 指示灯描述正确的是？（　　　）

A	ABS 指示灯颜色为黄色
B	点火开关打开至自检完成时点亮
C	ABS 工作时指示灯会闪烁
D	电子控制模块发现系统故障时点亮并且取消 ABS 功能

3. 问答题

制动过程中如果车轮即将抱死时，ABS 控制模块将给哪些电磁阀线圈加电，使油道出现什么状态？

_____

_____

_____

4. 思考与讨论

ESC 控制单元是依靠哪些信号来判断车辆出现转向不足还是转向过度现象的？

_____

_____

_____

第三章　胎压监测系统

学习要点：

1）胎压监测系统组成与原理。
2）胎压监测系统诊断与维修。

学习目标：

1）能够说出胎压监测系统功能与工作原理。
2）能够掌握胎压监测系统故障诊断方法。

第一节　胎压监测系统组成与原理

胎压监测系统（TPMS）旨在任何轮胎中的压力变得太低时发出警告，从而让驾驶人能够保持安全的轮胎压力进行驾驶。

一、胎压监测系统功能

当前汽车向高速化发展，对行车安全要求越来越严格，轮胎压力异常带来的危险要在未发生时就被识别检测到，避免险情出现，因此胎压监测系统（图3-1）成为很多汽车的标准配置。

当四个车轮中的任何一个轮胎的气压严重下降或上升时（超出170~330kPa），TPMS会对驾驶人发出警报，并使驾驶人能够在驾驶时通过仪表盘显示各个轮胎的气压。

目前五菱胎压监测系统仅对轮胎压力报警，暂未对轮胎温度进行报警。

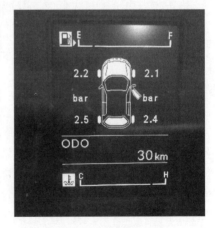

图3-1　胎压监测系统功能

二、胎压监测系统组成

胎压监测系统由胎压传感器、胎压监测模块及仪表等部件组成。

1. 胎压传感器

图3-2是胎压传感器，安装在轮胎内，通过轮胎气门芯固定螺栓固定在轮辋中。

胎压传感器内置钮扣电池，为传感器提供工作电源。为了增强传感器电池供电能力，延长传感器使用寿命，传感器内部设计有加速度计。传感器通常有静止和驾驶两种模式。

2. 胎压传感器工作模式

胎压传感器有两种工作模式（图3-3）：

1）静止模式。当车辆静止或车速小于 32km/h 时，传感器内的加速度计未被激活，传感器进入静止状态。在这种状态下，传感器每 60min 采样监测一次。假如轮胎压力值没有改变，传感器不会发送轮胎压力值信息。如果监测到轮胎气压急剧变化，就立即发送当前的轮胎压力信息和传感器 ID 信息。

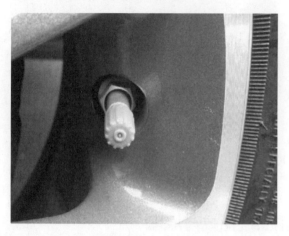

图 3-2　胎压传感器

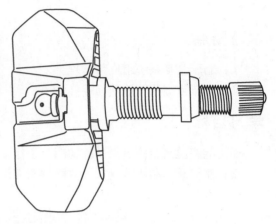

图 3-3　胎压传感器

2）驾驶模式。当车速增加到 32km/h 以上时，车轮的离心力关闭了传感器内部的开关，它迫使传感器进入唤醒或驾驶模式。在此模式下，轮胎压力传感器每 60s 就会将当前的轮胎压力信号和传感器的 ID 信息通过无线电频率的方式发射出去。

当传感器电池电量过低时，只能更换传感器总成。

3. 胎压监测模块

图 3-4 为胎压监测模块，CN113R 胎压监测模块安装在前底板后控制台下面，模块内部有接受传感器信号的天线。

胎压监测模块通过天线，接收由胎压传感器发送的包含有轮胎压力和传感器 ID 号的无线电频率信号，模块识别出该传感器 ID 号后，来确定是否储存在模块内部的轮胎安装位置，之后向仪表发送对应位置的轮胎压力信息。当轮胎压力低于一定值时，胎压监测模块向 CAN 网络上发送点亮轮胎压力警告灯的信息。同时胎压监测模块也有自诊断能力，当胎压监测模块

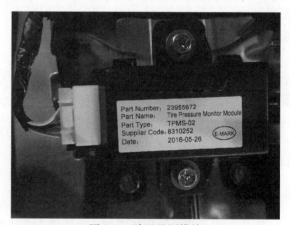

图 3-4　胎压监测模块

发现轮胎压力监测系统的故障时会报出故障码。

4. 组合仪表

图 3-5 是组合仪表，仪表模块不断地接收胎压监测模块发送到 CAN 网络上的轮胎压力信息，进行压力值显示。如果某个轮胎压力偏低或偏高，相应的轮胎压力值会闪烁，胎压灯会闪烁或亮起，以提醒驾驶人注意。调节轮胎压力到建议值后，仪表指示灯会自动熄灭。当

胎压监测模块发现轮胎压力监测系统的故障时，报出故障码的同时，轮胎压力指示灯会闪烁1min后保持常亮，以提醒驾驶人胎压监测系统有故障，及时到维修站维修。

图 3-5　组合仪表

三、胎压监测系统工作原理

胎压监测系统工作原理相对比较容量理解，如图 3-6 所示。系统通过轮胎气压接收器、仪表盘显示模块、组合仪表、每个车轮总成中的四个射频发射气压传感器和串型数据电路来执行系统功能。

当车速小于 32km/h 时，胎压监测系统处于"静态"模式。在"静态"模式下，传感器每 60s 检测一次轮胎气压，但不会把检测数据发给轮胎气压接收器。当传感器检测到轮胎气压变化大于限定值时，才会立即把检测结果发送给轮胎气压接收器。

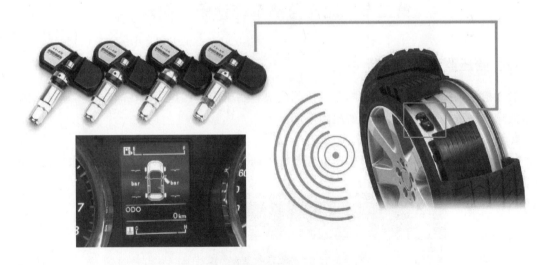

图 3-6　胎压监测系统工作原理

当车速大于 32km/h 时，胎压监测系统进入"动态"模式。在"动态"模式下，传感器每 60s 检测一次轮胎气压，向轮胎气压接收器发一次检测结果。当传感器检测到轮胎气压变化大于限定值时，会立即把检测结果发送给轮胎气压接收器。

图 3-7 是 CN113R 胎压监测系统的电路图，根据电路图可知，胎压监测系统采用来自熔丝盒常电电源作为胎压数据记忆电源，使用点火开关控制电源作为系统激活的信号，通过线束直接搭铁，使用 CAN 网络与组合仪表通信，显示胎压信息。

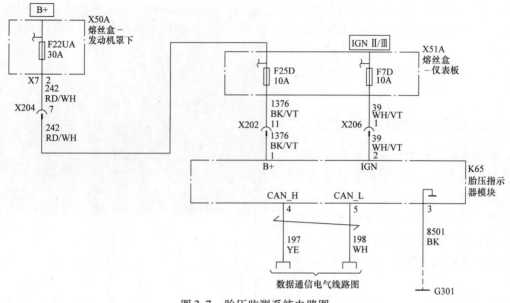

图 3-7　胎压监测系统电路图

第二节　胎压监测系统诊断与维修

一、胎压监测系统诊断

胎压检测系统诊断主要是诊断胎压监测模块、胎压传感器是否存在故障，可通过诊断仪读取故障码、数据流来分析系统的故障原因。

1. 读取故障码

如同大多数电控系统一样，胎压监测系统可通过读取系统自诊断的故障码来诊断故障，读取数据流如图 3-8 所示。

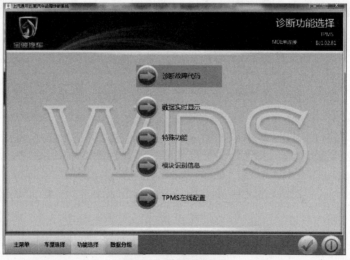

图 3-8　读取数据流

52

表 3-1 是胎压监测系统常见故障码，对针对读取到的故障码，按照应对措施，对故障进行诊断。

表 3-1　胎压监测系统常见故障码

故障码	触发故障码的条件	应对措施
DTC C0750 左前低轮胎压力传感器 DTC C0755 右前低轮胎压力传感器 DTC C0760 左后低轮胎压力传感器 DTC C0765 右后低轮胎压力传感器	当车辆车速大于 30km/h，在 10min 内没有监测到传感器发出任何信号	1. 观察数据流。诊断仪观察所怀疑传感器状态，车辆行驶速度大于 30km/h 以上，持续时间大于 10s 以上后，传感器的状态由唤醒变为行驶，则传感器正常。如果没有变化，更换胎压传感器。 2. 重新学习胎压传感器。利用专用工具或充放气的方法重新学习，若始终不能成功学习，则更换传感器。 3. 如果以上操作完成后，胎压数据还是不能显示，更换胎压监测模块 注意：在胎压学习时，如果停放在附近的车辆的传感器正好发送一个胎压信息，该车可能将旁边车辆的胎压传感器学习到该车上，会导致这种故障的发生。因此在学习时，远离其他带胎压监测功能车辆
DTC C0569 00 系统配置安装了错误的部件	点火钥匙打到 ON 后，系统未写入标准压力值	维修刷新胎压监测模块 如还生产故障码，更换胎压监测模块
DTC C0775 轮胎气压过低系统传感器未读入	点火钥匙打到 ON 后，车速大于 35km/h，胎压监测模块至少 20min 以上没有接收到故障位置的传感器发出的信息	维修刷新胎压监测模块 如还生产故障码，更换胎压监测模块
DTC C1517 蓄电池电压低于阈值	点火钥匙打到 ON 后，控制模块检测到系统电压低于 9V 并持续 5s	测量胎压监测模块的电源与搭铁的电压应在正常范围之内（其电压与蓄电池电压差应该小于 1V）

2. 读取数据流

胎压监测系统可通过诊断仪读取数据如下：

1）传感器 ID。

2）胎压和胎温。

通过诊断仪读取数据流胎压传感器 ID、胎压等信息，可判定胎压传感器控制单元内是否存在故障，如图 3-9 所示。

二、胎压监测系统维修

胎压监测系统维修涉及胎压传感器更换、胎压传感器学习两部分内容。

1. 胎压传感器更换

1）传感器拆卸。压胎铲在压下轮胎时，务必远离传感器位置，否则传感器会被压伤损坏。安装位置如图 3-10 所示，使用压胎铲操作压胎作业。

扒胎也是同样的要求，避免磕碰传感器！

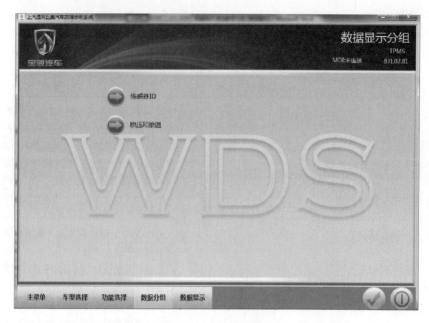

图 3-9　读取数据流

2）传感器安装。将气门嘴、传感器、固定片和螺钉安装成组件。

将气门嘴胎压传感器组件装入车轮安装孔，并拧入安装螺母紧固，拧紧至（5±0.5）N·m，如图 3-11 所示。

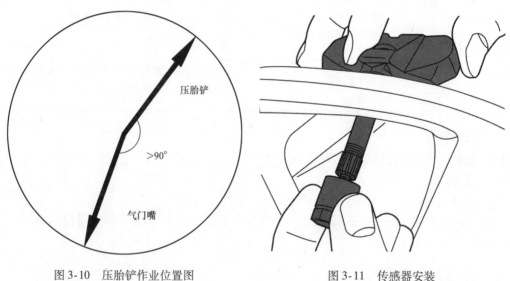

图 3-10　压胎铲作业位置图　　　　　　图 3-11　传感器安装

按图 3-12 所示位置，将车轮卡在拆胎机上。在胎缘和轮辋处涂上润滑油。安装下胎缘到轮辋上。

将轮胎充气至（230±10）kPa，使用肥皂液检验轮胎是否漏气。如果确认无漏气，拧上气门嘴防尘帽。做车轮和轮胎总成动平衡。

2. 胎压传感器学习

使用胎压监测系统手柄，学习传感器ID并激活传感器。执行胎压传感器位置学习如下：

① 第一次安装胎压传感器。

② 更换轮胎气压传感器。

③ 更换胎压监控模块。

④ 更换轮胎位置。

学习配对的过程，是将传感器的ID和传感器安装位置相关联的过程，并将传感器的ID写入胎压监控模块指定的存储地址中。

在TPMS的学习过程中，胎压监控模块是整个流程的控制单元，车身控制模块和仪表都是按照胎压监控模块发出的命令进行相应的显示和响应，不参与学习过程。

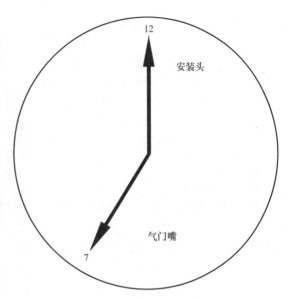

图3-12　安装轮胎至车轮

1）胎压学习工具。胎压学习需要使用专用工具，胎压传感器激活工具EL-0001，如图3-13所示。激活工具开机后，可根据屏幕提示，选择对应的车型。

2）胎压传感器学习过程

① 读取轮胎气压传感器ID。将TPMS学习手柄打开，选择"Learn ID"。将手柄贴近传感器处轮胎外壁，按下手柄上的Enter键，依次触发左前轮、右前轮、右后轮、左后轮，读取四个轮胎气压传感器的ID，如图3-14所示。

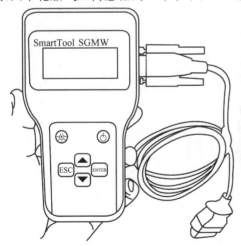

图3-13　胎压传感器激活工具EL-0001

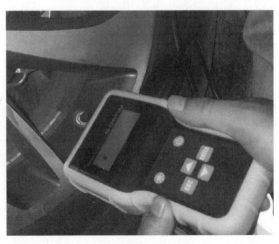

图3-14　读取轮胎气压传感器ID

② 写入轮胎压力传感器ID。点火开关置于ON，将TPMS连接至OBD接口；学习完四个ID后，移动光标到Exit，退出返回至上级菜单，选择Write ID，按Enter键，即开始写入

ID，屏幕出现"succeed"表示写入完成，如图3-15所示。

③ 设置传感器胎压标准值和高压值。开机，选择"UDS Services"；按ESC键和Enter来调整数值。

FSP：前轮的标准胎压230kPa

RSP：后轮的标准胎压230kPa

FHPO：前轮的高压补偿值96kPa

RHPO：后轮的高压补偿值96kPa

④ 激活传感器。选择"Sensor Data"项，对着要激活的传感器，选择"LF2"，并按确认键，即可触发传感器发送数据。降压加压或车速超过25km可以激活传感器发送数据。

学习完毕后，通过试车，检验轮胎压力监测系统正常工作。

图3-15　写入轮胎压力传感器ID

第三节　学习成果自检

本章节的学习目标你已经达成了吗？请通过思考以下问题进行结果检验。

序号	问题	自检结果
1	CN113R 的胎压监测系统都有哪些检测项目	
2	胎压监测系统由哪些部件组成	
3	胎压监测系统的工作原理	
4	胎压监测系统通过读取数据流可检测哪些部件存在异常	
5	哪些情况下需要执行胎压传感器学习，如何执行学习程序	

第四节　练　习　题

1. 单项选择题

1）关于胎压监测模块，下列说法正确的是（　　）。	
A	更换胎压监测模块，可不进行胎压传感器学习
B	接收胎压传感器的信号，传输胎压信息给仪表
C	通过 PEPS 天线接受胎压传感器信息
D	通过 LIN 网络传输信息

2）仪表上显示的轮胎信息有（　　　）。

A	不能显示单个车轮压力
B	轮胎压力传感器 ID
C	轮胎温度
D	轮胎压力

2. 多项选择题

1）关于轮胎压力学习，下列说法正确的是（　　　）。

A	学习配对的过程是将传感器的 ID 和传感器安装位置相关联的过程
B	学习配对时会将传感器的 ID 写入胎压监控模块指定的存储地址中
C	车身控制模块和仪表都是按照胎压监控模块发出的命令进行相应的显示和响应，实时地参与学习过程
D	胎压监测模块把学习的胎压信息，通过 CAN 网络传递给车身控制模块和仪表

2）关于胎压传感器的描述，下面正确的选项是（　　　）。

A	传感器电池使用四年后需要更换新的电池
B	当车辆静止或车速小于32km/h 时，传感器内的加速度计未被激活，传感器进入静止状态
C	驾驶模式下，传感器每60s 就会发射胎压信息
D	通过胎压传感器激活工具激活后，传感器就会一直处于驾驶模式

3. 问答题

试指出胎压传感器学习的过程的关键步骤。

第四章 自动变速器

学习要点：

1）齿轮变速器机构原理。
2）基本液压元件的工作原理。
3）GF6 电气元件作用及原理。
4）自动变速器进行综合故障分析与诊断。
5）常见故障部件进行规范维修与常见故障案例的分析与应用。

学习目标：

1）能够说出自动变速器的组成与分类特点，以及优缺点。
2）能够解释齿轮变速器机构原理，GF6 的齿轮特点。
3）能够解释基本液压元件的工作原理，GF6 液压元件特点
4）能够解释 GF6 电气元件作用及原理。
5）能够解释变速器控制策略。
6）能够对自动变速器进行综合故障分析与诊断。
7）能够对部分常见故障部件进行规范维修与常见故障案例的分析与应用。

第一节 自动变速器组成与分类

一、自动变速器的组成

目前的自动变速器，基本上都是由模块化控制的电子控制自动变速器，它是由变速系统、液压控制系统和电子控制系统三个子系统组成的。其中，变速系统和液压控制系统组成的总成部件通常称为自动变速器。GF6 的组成如图 4-1 所示。

GF6 是 Global Forward – Wheel Drive 6 – speed Automatic Transmission 的简称，中文含义为全球前轮驱动的六速自动变速器。根据匹配不同排量、转矩的发动机，按其所传输的最大转矩量将变速器分为几种不同类型，例如匹配宝骏 630 1.5 发动机的变速器为 6T30E，在有些较大排量发动机匹配的类型为 6T40E、6T45E 等。不同类型之间具有共同的结构，部件的区别主要取决于变矩器、行星齿轮机构、摩擦片等的尺寸不同。

变速器型号 6T30E，其中，"6"表示有六个前进档；"T"表示变速器横置；"30"表示为转矩参数；"E"表示带有变速器控制模块控制的电子控制自动换档的变速器。

1. 变速系统

自动变速器的变速系统是由液力变矩器、换档执行机构和齿轮机构组成的。

液力变矩器安装在发动机飞轮上，其主要功用是将发动机输出的动力传递给变速器的输

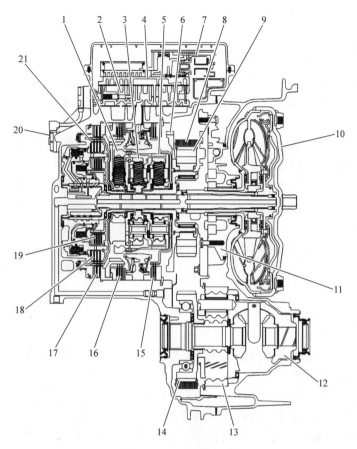

图 4-1　GF6 结构组成

1—反作用行星轮架总成　2—控制阀体总成　3—输入行星轮架总成　4—阀体通道隔板　5—输出行星轮架总成

6—驻车齿轮　7—控制电磁阀总成　8—驱动链条　9—驱动齿轮架　10—变矩器总成　11—油泵总成

12—差速器齿轮架总成　13—前差速器环齿　14—被动齿轮架

15—1－2－3－4 档离合器总成　16—低速－倒档离合器总成　17—2－6 档离合器总成　18—3－5－倒档离合器总成

19—4－5－6 档离合器总成　20—输入速度传感器总成　21—反作用太阳轮总成

入轴。除此之外，液力变矩器还能实现无级变速，且具有一定的减速增矩作用。

　　换档执行机构包括换档离合器和换档制动器，其功用是改变齿轮变速机构的传动比，从而获得不同的档位。

　　齿轮变速机构又称为齿轮变速器，其功用是实现由起步至最高车速范围内的换档变速。

2. 液压控制系统

　　液压控制系统由液压传动装置（油泵、自动变速器油）、阀体（电磁阀、换档阀、锁止阀、调压阀等）以及连接这些液压装置的油道组成。

　　油泵通常安装在液力变矩器的后面，由发动机飞轮通过液力变矩器壳体直接驱动。其功用，一是为液力变矩器和液压控制系统提供具有一定压力的传动油液，二是为齿轮变速机构和变速器运动部件提供润滑油。油泵作为液压控制系统的动力源将油底壳中的自动变速器油ATF（Automatic Transmission Fluid）泵出，经过调压阀将油压调节到需要值后，一部分输送到液力变矩器，其余输送到液压控制系统的控制机构、换档执行机构和齿轮变速机构，以便实现档位变换和运动部件的润滑。

液压控制系统的功用：根据电磁阀的工作状态，控制换档元件（换档离合器和换档制动器）的油路接通与切断，从而改变齿轮变速器机构的传动比来实现自动换档。

3. 电子控制系统

自动变速器电子控制系统与其他电子控制系统一样，也是由传感器与各种控制开关、变速器控制模块（TCM）和执行器三部分组成的。

传感器包括节气门位置传感器（TPS）、变速器输出轴转速及车速传感器（VSS）、变速器输入轴转速传感器、变矩器泵轮转速传感器及发动机转数传感器（CKP）、档位位置及内部模式开关、变速器油液温度传感器、变速器控制模块温度传感器、制动开关、手动换档模式开关等。

执行器包括换档电磁阀、变速器管路油压调节阀、变矩器锁止电磁阀等组成。宝骏630所匹配的自动变速器（6T30E）内部共有四个换档电磁阀、一个管路油压调节阀、一个变矩器锁止电磁阀、一个换档电磁阀。除此之外还有防止变速杆意外移动出驻车档的变速杆电磁阀。

二、自动变速器的分类

目前，汽车装备的自动变速器种类繁多、形式各异，通常可按以下四种方式进行分类。

1. 按汽车驱动方式分类

按照驱动方式不同，自动变速器可分为后轮驱动、前轮驱动和四轮驱动三种。前、后轮驱动两种变速器在结构和布置上具有较大的区别，如图4-2所示。后轮驱动自动变速器的输入轴和输出轴在同一轴线上，因此轴向尺寸较大，控制阀体总成布置在变速器的下方。

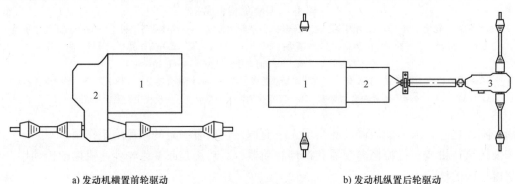

a) 发动机横置前轮驱动　　　　　　　　b) 发动机纵置后轮驱动

图4-2　前、后驱动对比

1—发动机　2—变速器　3—后驱动桥

前轮驱动的自动变速器除了具有后轮驱动自动变速器相同的组成部件外，还装配有主传动装置（主减速器、差速器）。横置式发动机配装有前轮驱动自动变速器，由于受到汽车横向尺寸的限制，因此通常设计成两轴式变速器，即变矩、变速器输入值、变速器输出轴在同一轴线上，主减速器、差速器、传动轴在同一轴线上。为了保证汽车具有足够的离地间隙，这两条轴线平行且距离地面的高度基本相同。

四轮驱动的自动变速器，既有配置后轮驱动的自动变速器再配置一个分动箱组成的四轮驱动，也有配置前轮驱动的自动变速器再配置一个分动箱组成的四轮驱动，如图 4-3 所示。

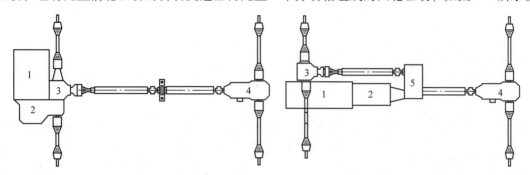

a) 发动机横置四轮驱动式自动变速器　　　　b) 发动机纵置四轮驱动式自动变速器

图 4-3　四轮驱动式自动变速器

1—发动机　2—变速器与驱动桥　3—前驱动桥　4—后驱动桥　5—分动箱

2. 按前进档位的档位数目分类

按目前使用的齿轮变速器前进档位的数目，自动变速器可分为四档（四个前进档位）、五档（五个前进档位）和六档（六个前进档位）等变速器。变速器的前进档位越多，其燃油经济性越好，可以实现越高的车速。宝骏 630 采用了六个前进档位的自动变速器，因此其燃油经济性有很大的优势。一些高端品牌为了得到更好的燃油经济性和最高车速，不懈努力地开发出了八速甚至更多档位的自动变速器。

3. 按变速齿轮的类型分类

按变速器齿轮机构的类型不同，自动变速器可分为固定轴线齿轮结构式和转轴式的行星齿轮机构式两种。

固定轴线式机构的变速器，内部结构类似传统的手动变速器，其输入轴与输出轴轴线固定不同，两条轴线互相平行，因此又可称之为平行轴式自动变速器。其特点是体积较大，传动比较小，采用的车型较少，目前只有广州本田的部分变速器采用此结构类型。

行星齿轮机构式自动变速器结构紧凑，能够获得较大的传动比，目前大多数汽车采用了行星齿轮式自动变速器。宝骏 630 所采用的自动变速器（6T30）就是行星齿轮式的自动变速器。

4. 按控制方式分类

按照控制方式不同，自动变速器可分为液压控制式自动变速器和电子控制式自动变速器。

液压控制式自动变速器由液力变矩器、带有液压控制换档执行元件（离合器和制动器）的齿轮变速器（目前普遍采用行星齿轮变速器）以及液压控制阀（手控阀、换档阀、反映节气门开度的节气门阀、反映车速的调速阀等）组成，其全称是全液压机械传动式自动变速器，简称液压自动变速器。

电子控制式自动变速器由液力变矩器、带有液压控制换档执行元件（离合器和制动器）和电子控制系统（传感器和开关、控制模块 TCM 和电磁阀）等组成。

液压控制式自动变速器与电子控制式自动变速器的控制原理与控制过程均有明显的区别，如图 4-4 所示。

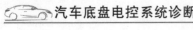

电子控制与液压控制方式的不同点	电子控制与液压控制方式的相同点

电控变速器
- 检测车速 / 车速传感器
- 检测负荷 / 节气门位置传感器
- 控制开关

（电）→ TCM →（电）→ 电磁阀 →（液压）

液控变速器
- 检测车速 / 调速阀
- 检测负荷 / 节气门阀

（液压）→

控制阀—液压控制装置：锁止阀、换档阀

（液压）→ 液力变矩器（锁止离合器）

（液压）→ 行星齿轮变速装置

图4-4　电子控制式与液压控制式自动变速器的区别

在液压控制式自动变速器中，液压控制阀是根据反映节气门开度的节气门阀和反映车速的调速阀的液压信号来决定完成换档档位和换档时机，并用液力操纵换档阀和换档元件动作来实现自动变速。

在电子控制式自动变速器中，其控制单元（TCM）根据反映节气门开度的节气门位置传感器（TPS）、反映车速的车速传感器（VSS）以及发动机冷却液温度传感器（CTS）、档位开关、制动开关、手动换档模式开关等电信号和预先储存在只读存储器（ROM）中的换档程序（换档规律）决定换档档位和换档时机，并向电磁阀发出控制指令，由电磁阀控制换档阀动作，换档阀再控制换档执行元件动作来实现自动变速。其控制原理基于电子学和自动控制理论，具有控制精度高、操作简单等优点，因此被广泛应用。

三、自动变速器的优缺点

液压控制式自动变速器和电子控制式自动变速器都具有以下优点：

1）驾驶操作简便。由于自动变速器取消了离合器，无需频繁换档，使得驾驶人操作简单轻便，从而大大降低了劳动强度、提高了操纵方便性。因此，驾驶人无需长时间培训，即可进行驾驶操作。

2）提高整车性能。液力传动装置的工作介质（自动变速器油液）是液体，因为液力传力为柔性传力，具有缓冲作用，所以能够有效地衰减传动系统的扭转振动与冲击，保证汽车平稳起步，提高乘坐舒适性；能够自动适应行驶阻力的变化，且在一定范围内能实现无级变速，因此能使发动机的功率得到充分利用，有利于提高发动机的动力性；还能够防止传动系统过载损坏、延长发动机和传动系统零部件的使用寿命。

3）高速节约燃油。自动变速器控制模块，会依据最佳的换档时机进行换档，并且在高速行驶时，通过变矩器离合器的锁止，降低传动损失，提高了燃油经济性。

自动变速器的主要缺点是结构复杂、零部件加工工艺要求高、难度大、维修不便。此外在低速行驶时，传动效率比手动变速器低。因此，装备了自动变速器的汽车在一般道路（特别是城市拥堵路况）条件下行驶时，耗油量会有所增加。为了克服这一缺点，现代汽车所要求的自动变速器采用档位较多、具有变矩器锁止控制的变速器，例如宝骏 630 所匹配的 GF6 采用六个前进挡，换档更加平顺，性能更加优良，发挥更加优良的燃油经济性。

第二节 变速机构的结构与原理

一、液力变矩器

和手动变速器一样，配置有自动变速器的汽车也需要在车轮和变速器静止时能够让发动机仍旧能够转动。手动变速器用的是离合器来把发动机和变速器断开。自动变速器用的是液力变矩器。液力变矩器是一种典型的传递转矩的液力传动装置，是自动变速器必不可少的动力传递部件。

1. 液力变矩器的功用

变矩器是连接发动机和变速器的重要元件，其主要功能包括：

1）将发动机的转矩平滑地传递到变速器的机械部件上。

2）起到自动离合器的作用，传送或不传送发动机转矩至变速器。

3）在需要时增加发动机的转矩。

4）通过机械的方式转换为液力驱动的方式，缓冲发动机及传动系统的扭转振动。

5）通过 TCC 的应用，将发动机和变速器部分或直接连接在一起。

6）起到飞轮的作用，使发动机转动平稳。

7）驱动机油泵工作。

2. 液力变矩器的结构

现在绝大多数自动变速器配备的变矩器均是由四个基本元素组成的，即涡轮、泵轮、导轮和变矩器离合器，图 4-5 所示为液力变矩器结构。

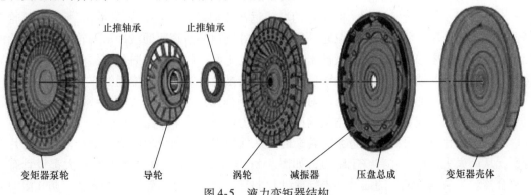

止推轴承　　止推轴承

变矩器泵轮　　导轮　　涡轮　减振器　压盘总成　　变矩器壳体

图 4-5 液力变矩器结构

泵轮由变矩器壳体带动,与发动机转数同步。涡轮和变矩器离合器通过花键与变速器输入轴刚性连接。导轮中心通过花键与变速器壳体刚性连接,始终固定不动,导轮叶轮与中心设置有单向离合器,允许导轮叶轮只能顺时针旋转,不能逆时针旋转。

3. 液力变矩器的工作原理

液力变矩器工作原理可以用两台电风扇作形象描述,如图4-6所示,两风扇对置,一台通电转动,产生的气流可吹动不通电的风扇,如果给其添加一个管道这就成了液力耦合器,它能传力,并不增矩。

液力变矩器工作时,自动变速器油从泵轮到涡轮再回到泵轮往复循环,造成变矩器的输出转矩增加,如图4-7所示。转矩增大的倍数取决于自动变速器油相对于涡轮的流速,流速越大,转矩放大倍数也就越大。

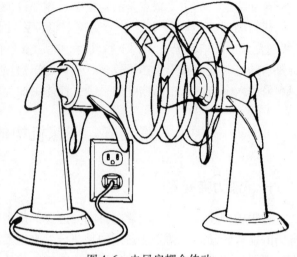

图4-6 电风扇耦合传动

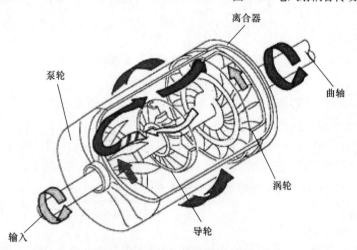

图4-7 液力变矩器液体传动原理

车辆在起步或低速行驶时,因泵轮的转速远高于涡轮的转速,如图4-8a所示。泵轮在高速离心力的作用下将油液甩向泵轮外侧边缘,外侧边缘的高速油液冲击涡轮,通过涡轮的导流槽将油液向中心流动,此油液冲击导轮叶片的正面,因导轮单向离合器的作用,使其导轮叶片被固定,此油液又再次沿泵轮旋转方向冲击泵轮,所以实现增矩的作用。

随着涡轮转速的逐渐升高,泵轮对涡轮的增矩作用逐步减小,如图4-8b所示。由涡轮流出的油液也在改变着对泵轮冲击的角度,冲击力逐渐再减小。

当涡轮转速逐步升高并接近泵轮转速时,从涡轮中心流向导轮的液体会冲击导轮叶片的背面,从而失去增矩,并有一定阻力,如图4-8c所示。因此现在变矩器导轮大都设计有单向离合器。当从涡轮流出的油液冲击导轮叶片的背面时,导轮叶轮顺时针旋转,防止阻力的产生，大大提升了液力变矩器的传动效率。

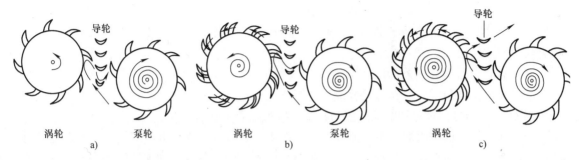

图 4-8 液力变矩器导轮工作示意图

在汽车刚起步或变速杆置于 D 位停车时，泵轮转速是发动机的转速，由于车辆没有移动，涡轮转速为零，我们通常把这种工况称作变矩器失速工况。变矩器的涡轮和泵轮之间的转速差较大，变矩器的转矩放大倍数也就较大。

车辆起步后，随着涡轮转速的逐渐升高，涡轮与泵轮的转速差逐渐缩小，自动变速器油相对于涡轮的流速逐渐降低。导致变矩器的转矩放大倍数也逐渐降低。当涡轮与泵轮的转速差降低到某一数值时，变矩器输出转矩比降低到约 1∶1。若涡轮转速继续增加，自动变速器油从反面冲击导轮，控制导轮的单向离合器允许导轮按照泵轮的旋转方向旋转。通常我们把导轮开始旋转时变矩器工况称作变矩器的耦合工作点，如图 4-9 所示。可见，液力变矩器的工作有转矩放大和耦合两个范围。

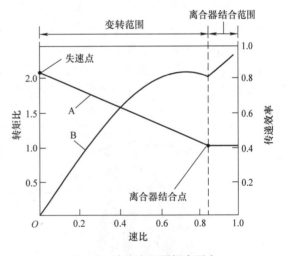

图 4-9 液力变矩器耦合图表

4. 液力变矩器的工作工况

1）变速杆置于 D 位，踩下制动踏板，发动机怠速工况。当发动机怠速时，发动机的输出转矩较小，涡轮在制动器的作用下转速为零，此时变矩器达到较大的变转效果。

2）车辆起步工况。松开制动踏板，作用在涡轮上的负荷减小，当踩下加速踏板时，发动机的输出转矩变大，克服车辆起步阻力，车辆起步。此时涡轮的转速仍较低，变矩器仍处于比较大的变转工况。

3）车辆低速行驶工况。车速在较低范围内升高时，涡轮转速逐渐提高，当涡轮转速与泵轮转速达到耦合工作点时，导轮开始旋转，变矩器停止转矩的放大。

4）车辆较高车速行驶工况。变矩器达到耦合工作点以后，变矩器离合器接合，把泵轮和涡轮机械接合，提高了传动效率。

5）发动机制动工况。如果车辆在高速行驶过程中松开加速踏板，泵轮由于和发动机相连转速很快下降，而涡轮与输出轴相连，其转速因车速较高不会快速下降，在这种情况下，涡轮转速要高于泵轮转速，并反向带动发动机转速增加，产生发动机制动力。

5. 液力变矩器离合器的工作

变矩器的工作介质是自动变速器油，液压油在动力传递过程中会造成一定的能量损失，传递效率因此降低。为提高车辆的传递效率，减少燃油消耗，大多数变矩器中都配备了锁止离合器（TCC）。

变矩器离合器具有以下特征：

活塞和减振器总成安装在涡轮轴或变速器输入轴上。

当 TCC 接合时，泵轮的摩擦表面与活塞及减振器总成接合。

锁止离合器一般是由液压油来操控的，如图 4-10a 所示。TCC 电磁阀接通，离合器活塞的前腔与泄油口相通泄压，离合器活塞后腔与高压管路油压相通，向前压紧离合器活塞到变矩器壳体上，又因变矩器离合器活塞与变速器输入轴花键刚性连接，所以变速器输入轴转速与变矩器壳体及发动机转数基本同步（锁止离合器与变矩器壳体之间有轻微的打滑现象）。

TCC 电磁阀断开时，泄油口打开，把变矩器离合器调节油压引入变矩器离合器活塞的释放侧，把离合器活塞从泵轮的壳体侧推开，使离合器分离，如图 4-10b 所示。TCC 电磁阀断开时，离合器活塞的前腔与高压管路油压相通进行加压，向后推动离合器活塞，使其远离变矩器壳体。这样泵轮与涡轮之间就会出现打滑现象。离合器活塞后腔与泄油口相通泄压。

影响变矩器锁止离合器工况的因素较多，主要的有车速、负荷、档位等。

由于液力变矩器中油液冲击推动了变矩器内的元件，致使部分能量损失变成热能，过热的油液又将导致传动效率变得更低。为了保持液力变矩器的传动效率，在锁止离合器没有接合时，工作油压必须经过冷却散热。

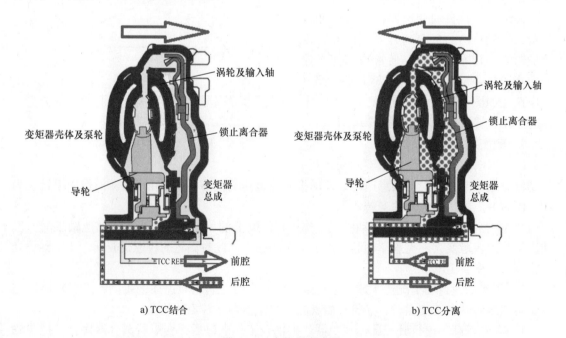

a) TCC结合　　　　　　　　　　　　　　b) TCC分离

图 4-10　变矩器离合器

变矩器中工作油液从变矩器排出后一般都被送到散热器，如图 4-11 所示，散热后流回变速器油底壳，从而保证变矩器的正常工作效率。

6. 变矩器故障分析

变矩器如图4-12所示，常出现的故障有过热而褪色、导轮单向离合器卡滞或双向打滑、变矩器密封面磨损、变矩器涡轮或锁止离合器与变速器输入轴花键联接的花键磨损、变矩器引起的振动等。

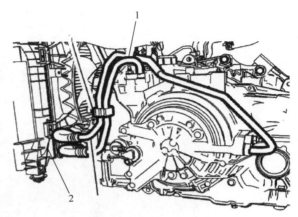

图4-11 变速器散热器及散热管路
1—变速器散热油管 2—变速器散热器

1）变矩器过热褪色故障，就是指变矩器因高温而导致的变矩器退火出现的变蓝现象。在维修中如果发现变矩器已经变蓝，就必须要进行更换，并要进一步确认变矩器过热的原因。变矩器过热的原因有车辆经常在大负荷下工作、变速器油液散热器堵塞等。

2）导轮及其单向离合器如图4-13所示，因部件的磨损或变形，就会出现卡滞或双向打滑的故障。变矩器导轮如果出现卡滞故障，通常影响车辆高速加速性能，而低速加速性能则不受影响。如果出现双向打滑，通常影响车辆低速加速性能，而高速加速性能则不受影响。变矩器导轮在变矩器内部不能拆解，如果依据故障现象判断是导轮出现异常，则必须将变速器总成拆卸，取下变矩器，通过用手转动变矩器内部的单向离合器，检查其单向性能。

图4-12 变矩器外观检查–正常零部件

图4-13 导轮及其单向离合器

3）变矩器密封面磨损故障，就是指变矩器在与变速器前油封（机油泵前油封）接触的部位发生磨损，比如磨损成深沟，此时密封面遭到破坏而出现变速器前油封漏油的故障。遇到此故障时，维修时不要只是更换前油封，应该同时检查变矩器的密封面，如果出现密封面损坏，应该一起将变矩器进行更换。变矩器密封面照片如图4-14所示。

4）变矩器涡轮与变速器输入轴花键联接的花键磨损。花键磨损，一般都是受到过大的冲击力导致，因此变速器出现冲击现象要尽早维修，以免导致其他部件的损坏。变矩器涡轮

图 4-14　变矩器密封面

花键磨损会导致车辆不能行车。变矩器离合器花键磨损，会导致车辆 TCC 控制失效而出现车速过低或油耗增加。变矩器涡轮如图 4-15 所示。

图 4-15　变矩器涡轮

注意，在实际维修中，不能对变矩器进行解体维修，发现有故障只能更换总成。在不解体变矩器的情况下，可以观察到该花键是否磨损。

5）变矩器引起的振动，主要原因是变矩器动平衡出现异常或变矩器固定螺钉松动导致。检查变矩器固定螺钉的拧紧力矩，尝试变换变矩器与发动机飞轮的相对固定安装位置，如果还是不能解决，拆解检查变矩器是否受外力变形，以上检查都未发现异常时，更换变矩器总成。

有关变矩器离合器的故障将在第五节综合故障诊断中进行分析。

二、行星齿轮变速机构

汽车必须满足从停车到起步、从低速行驶到高速行驶和倒退行驶的使用要求。液力变矩器虽然能在一定范围内无级自动地改变输出转矩和转速,但是其变矩系数较小(一般为 2 ~ 3),难以满足使用要求。因此,汽车必须设置齿轮变速机构,且应具有速比可变(即具有变速档)、转向可逆(即具有倒档)的功能。目前大多数汽车都采用的行星齿轮式变速机构,例如宝骏 630 就是采用的行星齿轮式变速机构,那么它是如何变速的?

1. 行星齿轮机构的结构特点

行星齿轮机构指具有太阳能、行星架和齿圈三个彼此可相对旋转的运动件的机构。自动变速器由多个行星排组成,行星排多少取决于排档数量。

最简单的行星齿轮机构称为单排行星齿轮机构(图 4-16),它由太阳轮、内齿圈、行星架、行星轮和行星轮轴组成。

太阳轮为中心齿轮。行星轮有 3 ~ 6个,对称布置在太阳轮与内齿圈(环形齿圈)之间,行星轮轴上安装有滚针轴承。各行星轮用行星轮架连接为一个整体。因为各行星轮与太阳轮和内齿圈保持啮合,所以行星轮既能绕行星轮轴自转,又能绕太阳轮公转,这种关系如同太阳系中地球与太阳的关系,我们将这样的齿轮机构称为行星齿轮机构。

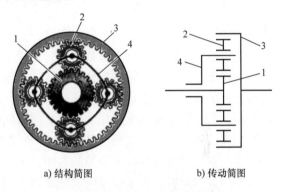

a) 结构简图　　　　　b) 传动简图

图 4-16　单排行星齿轮机构

1—太阳轮　2—行星轮　3—内齿圈　4—行星架

2. 行星齿轮机构的变速原理

众所周知,平行轴式齿轮变速机构传动比的计算公式为主动轮转速与从动轮转速之比或从动轮齿数与主动轮齿数之比。在行星齿轮机构中,将不是齿轮的行星轮架虚拟成一个具有明确齿数的齿轮(齿数 = 太阳轮齿数 + 内齿圈齿数)之后,其传动比也可按照平行轴式齿轮变速机构传动比的计算公式来计算。在行星齿轮机构中,行星轮对传动比没有任何影响,在传递动力过程中只起到过渡作用,决定传动比的仍然是主、从动齿轮的齿数或转速。

简单的行星齿轮排由齿圈、行星架及行星轮和太阳轮组成。在传递动力中起到决定作用的是齿圈、行星轮架和太阳轮,也就是俗称的三元件。如果其中的一个与输入轴连接、另一个与输出轴连接,只要第三个制动,就可以传递动力了。自动变速器就是通过把这三元件不同的组合,来实现不同传动比的。可实现六个传动比。

如果第三个元件不制动,各个元件只是自由转动,就不能传递动力。变速器空档就是利用这个特性,通常是一个不采取制动措施,就会形成空档。

如果三元件中的任一两个元件同时与输入轴连接,那么作为输出的第三个元件被迫与输入轴转速相同,转向相同,形成传动比为 1 的直接档。

现在我们来看看简单行星齿轮排是如何传递动力的。在具体分析单排行星齿轮排的运行规律时,为了便于理解,也可以借助矢量图来研究。首先如图 4-17 所示,竖直画一条线段,

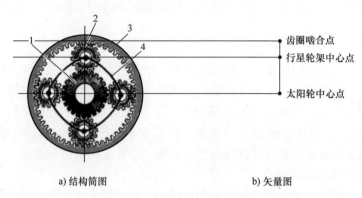

a) 结构简图   b) 矢量图

图4-17　单排行星齿轮矢量图

1—太阳轮　2—行星轮　3—齿圈　4—行星轮架

在线段取3个点，其中线段两头是2个点，上边1个点为齿圈啮合点，下边为太阳轮的中心点，第三点取在中间偏靠近上方处，为行星轮架中心点。

假设将太阳轮与输入轴连接作为输入，齿圈固定不动，行星架作为输出，如图4-18所示，最下边的箭头方向表示太阳轮的运转方向，因与输入轴连接，所以与输入轴转速、旋转方向相同，箭头长度表示太阳轮的转速。因齿圈被制动，转速为零。这样，连接太阳轮箭头点和齿圈点，再通过行星架画出平行于太阳轮箭头的直线，该线与太阳轮箭头点到齿圈的连线相交于一点。因交点在行星轮架的右侧，得出中间箭头。箭头的长度就表示被减速后的转速，箭头的方向向右，表示行星轮架的旋转方向与太阳轮相同，因此太阳轮作为输入，将齿圈制动，则行星轮架减速同向。

同理，如图4-19所示，太阳轮作为输入，将行星轮架制动，则齿圈减速反向。

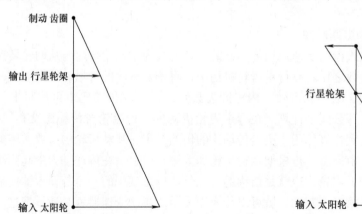

图4-18　单排行星齿轮组动力传动矢量图　　　图4-19　单排行星齿轮组动力传动矢量图

如图4-20所示，行星轮架作为输入，将太阳轮制动，则齿圈增速同向；行星轮架作为输入，将齿圈制动，则太阳轮增速同向。

如图4-21所示，齿圈作为输入，将太阳轮制动，则行星轮架减速同向；齿圈作为输入，将行星轮架制动，则太阳轮增速反向。

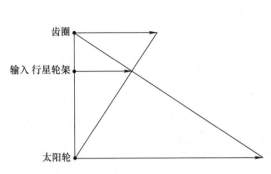

图 4-20　单排行星齿轮组动力传动矢量图

图 4-21　单排行星齿轮组动力传动矢量图

如图 4-22 所示，三个元件中任意两个与输入轴连接作为输入，第三个就会同向同速。图 4-22a 中以太阳轮和齿圈同时作为输入，行星轮架作为输出就同向同速。三个元件中有一个与输入轴连接作为输入，第二个不制动，那么第三个也不能传递动力。图 4-22b 太阳轮作为输入，其他部件都没有制动。

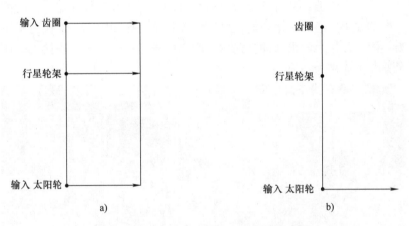

图 4-22　单排行星齿轮组动力传动矢量图

通过以上分析总结，单排行星齿轮排三元件实现改变速比的结论是"结合一个、制动一个，另一个就可以输出"和"两个都结合，另一个就可以输出"。"结合一个"就指一个元件与输入轴连接，"制动一个"就指一个元件被制动，"输出一个"就指第三个元件可以输出传递动力。简单的单排行星齿轮排总共可输出八个不同的传动比（包括空档和直接档），其中有两种工作状态不被汽车所采用：一是行星轮架作为输入，齿圈制动，太阳轮输出；二是齿圈作为输入，行星架制动，太阳轮作为输出。这两种状态下，因传动比太小，"超速"太多，无法满足汽车的实际应用要求，所以未被采用，见表 4-1。

表 4-1　八个不同的传动比的单排行星齿轮

序号	输入件	制动件	输出件	工作状态	档位应用
1	太阳轮	齿圈	行星轮架	减速同向	低速一档
2		行星轮架	齿圈	减速反向	倒档

（续）

序号	输入件	制动件	输出件	工作状态	档位应用
3	行星轮架	太阳轮	齿圈	增速同向	超速档
4		齿圈	太阳轮	增速同向	未被采用
5	齿圈	行星轮架	太阳轮	增速反向	未被采用
6		太阳轮	行星轮架	减速同向	低速二档
7	三个元件中任意两个与输入轴连接，第三个元件			同速同向	直接档
8	有一个元件作为输入，其他两个元件都不制动			自由转动	空档

3. GF6 行星齿轮排

刚才我们探讨了单排的行星齿轮排。理论上，一组行星齿轮排中的齿圈、行星架及太阳轮中的三元件，依据"结合一个、制动一个，另一个就可以输出"和"两个都结合，另一个就可以输出"的结论，依据不同的组合，可以实现四个前进档（两个减速档、一个直接档、一个超速档）、一个倒档和一个空档，甚至更多的档位（八个档位）。而在实际的变速器结构中是不易实现的，因此传动的动力速比是有限的。图 4-23 为 GF6 的内部结构，为了得到六个前进挡，一个倒挡，共有三组行星齿轮排用于换档改变传动比，分为前、中、后排行星齿轮排。中排太阳轮通过花键与输入轴刚性连接始终作为输入；前排行星轮架与后排齿圈刚性连接为一体，并作为输出部件。前排齿圈与中排行星轮架刚性连接为一体，中排齿圈与后排行星轮架刚性连接为一体。

图 4-23 GF6 内部齿轮组结构

为了便于直观的看出 GF6 内部齿轮关系特点和分析行星齿轮组动力传递，通常采用结构简图的形式表达，如图 4-24 所示。因齿轮繁杂，为了方便交流，从右向左将其分别命名为前排、中排、后排行星齿轮组。其中位于前排行星齿轮组中太阳轮命名为前太阳轮（简称前太），行星架命名为前行星轮架（简称前架），齿圈命名为前齿圈（简称前圈）。其他两排行星齿轮命名同理。

注意，在维修手册中这三排行星齿轮命名依次为输出行星齿轮组（前排行星齿轮组），输入行星齿轮组（中排行星齿轮组），反作用行星齿轮组（后排行星齿轮组）。输出行星齿轮组中的太阳轮、行星轮架、齿圈，分别对应于前太、前架、前圈。其他两排行星齿轮组的元件命名与此相同。

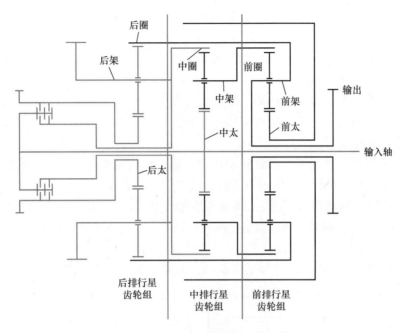

图 4-24　GF6 行星齿轮组结构简化示意图

4. GF6 行星齿轮组动力传递

GF6 为了获得更多的、更实用的传动速比，在改变速比上采用三组行星齿轮组的复合体。那么它的动力是如何传递的？

在分析动力传递时，首先把三组复合式行星齿轮组变成三个简单的、独立的行星齿轮组，如图 4-25 所示。每个独立的行星齿轮组依据"结合一个、制动一个，另一个就可以输

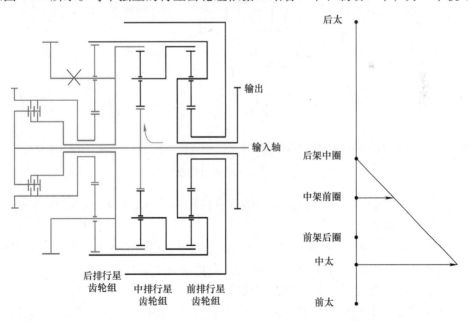

a) GF6行星齿轮组结构简化示意图　　　　　　　　　　b) 动力传递矢量图

图 4-25　P 位、N 位动力传递

出"和"两个都结合，另一个就可以输出"的理论进行分析，再按照三组行星齿轮组的先后传动顺序，从最先输入的一组行星齿轮组开始，按照不能同时出现两个动力传动的原则，就可以推导出整体的动力传动路线及动力传递。

1）P位、N位动力传递

① P位、N位：中太输入、中圈后架制动。

② 输入轴顺时针转动，带动中排太阳轮顺时针转动，中排行星轮逆时针转动，中排齿圈及后排行星轮架转动。

③ 中排行星架及前排齿圈顺时针转动作为前排行星齿轮组的输入，因前排太阳轮没有制动，所以前排行星轮架及后排齿圈不能输出动力，形成空档。

④ P位锁止机构将前架后圈固定，车辆处在静止状态。

⑤ N位时，锁止机构不能固定前架后圈，车辆处于空档不能传递动力。

2）1档动力传递

① 1档：中排太阳轮输入、中圈后架制动、前太制动，如图4-26所示。

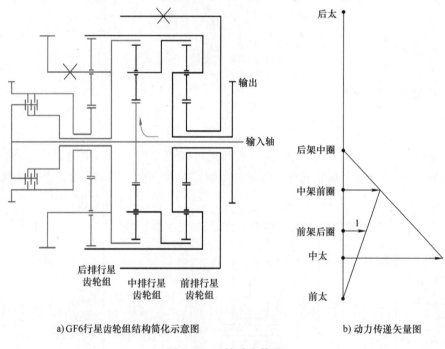

a)GF6行星齿轮组结构简化示意图　　　　b)动力传递矢量图

图4-26　1档动力传递

② 输入轴顺时针转动，带动中排太阳轮顺时针转动，中排行星轮逆时针转动，中排齿圈及后排行星轮架转动。

③ 中排行星架及前排齿圈顺时针转动作为前排行星齿轮组的输入，因前排太阳轮制动，所以前排行星架及后排齿圈将动力输出，动力经过传动链条到达主减速器。

④ 由于前排行星轮架及后排齿圈作为输出，形成1档，顺时针转动，后排行星轮顺时针转动，后太阳轮逆时针转动。因后排行星齿轮组中三个部件都没有制动，所以后排行星齿轮组对传动输出没有影响，即后排行星齿轮组形成空档，不与前两排行星齿轮组传递的动力相干涉。

⑤1 档的速比是 4.449:1。

3）2 档动力传递

①2 档：中太输入、前太制动、后太制动、中圈后架受限，如图 4-27 所示。

②在 1 档位时，后排太阳轮逆时针转动，后排行星轮顺时针自由转动。

③原来逆时针转动的后排太阳轮被固定，后排行星轮顺时针转动将带动后排行星轮架顺时针转动。

④后排行星轮架在 1 档位时是静止的，后排行星轮架顺时针转动将加速带动后排齿圈及前排行星轮架顺时针转动，形成 2 档，动力经过传动链条到达主减速器。

⑤2 档速比是 2.908:1。

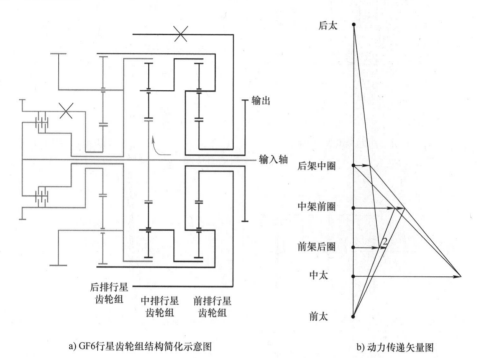

a) GF6 行星齿轮组结构简化示意图 b) 动力传递矢量图

图 4-27　2 档动力传递

4）3 档动力传递

①3 档：中太输入、后太输入、前太制动、中圈后架受限，如图 4-28 所示。

②3 档与 2 档动力传递路线基本相同。

③在 2 档时后排太阳轮被固定，3 档位时输入轴带动后排太阳轮顺时针转动，带动后排行星轮架、后排齿圈及前排行星轮架以更快的速度顺时针旋转，形成 3 档。

④3 档速比是 1.893:1。

5）4 档动力传递

①4 档：中太输入、中圈后架输入、前太制动。如图 4-29 所示。

②对于中排行星齿轮组来说，中排太阳轮和中排内齿圈同时与输入轴连接，逼迫中排行星轮架及前排齿圈也同输入轴转速相同，并且顺时针旋转。

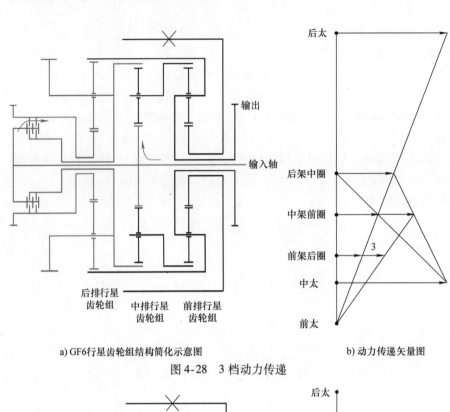

a) GF6行星齿轮组结构简化示意图　　　　b) 动力传递矢量图

图 4-28　3 档动力传递

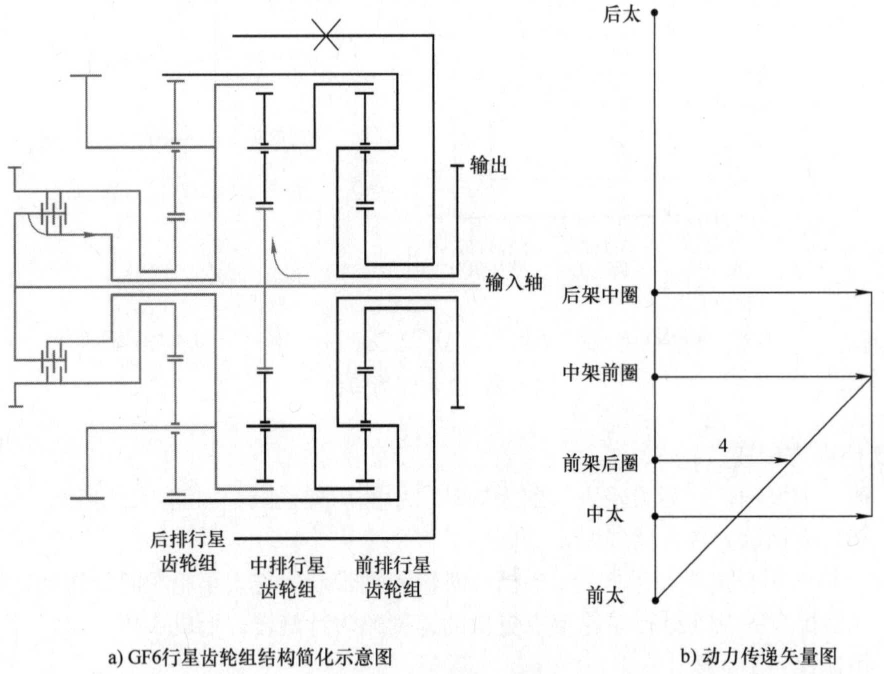

a) GF6行星齿轮组结构简化示意图　　　　b) 动力传递矢量图

图 4-29　4 档动力传递

③ 对于前排齿轮来说，因前排太阳轮固定，前排内齿圈与输入轴的转速相同，于是前排行星轮架及后排齿圈作为输出顺时针转动，形成 4 档动力经由传动链条到主减速齿轮。

④ 在 4 档，后排行星轮架、中排行星轮架和输入轴连接在一起，转速相同。

⑤ 对于后排行星齿轮组来说，后排行星轮架的转速比后排内齿圈的转速快（都是顺时

针方向），后排小行星轮是逆时针转动，带动后排太阳轮顺时针自由转动，后排行星轮形成空档，不与前两排行星齿轮的动力传递相干涉。

⑥ 4 档速比是 1.446 : 1。

6）5 档动力传递

① 5 档：中圈后架输入、后太输入、中太输入，如图 4-30 所示。

② 因后排太阳轮与后排行星轮架同时与输入轴连接，这样逼迫后排内齿圈及前排行星轮架与输入轴同向、同速转动作为输出，形成 5 档，动力经由传动链条到主减速器。

③ 输入轴顺时针转动，带动中排太阳轮顺时针转动，中排行星轮逆时针转动，中排齿圈及后排行星轮架转动。

④ 中排行星轮架及前排齿圈顺时针转动作为前排行星齿轮组的输入，因前排太阳轮没有制动，所以前排行星轮架及后排齿圈不能输出动力，形成空档，不与后排行星齿轮组所传递的动力相干涉。

⑤ 在 5 档时，变速器内部所有行星齿轮机构的部件都没有相对的运动。

⑥ 5 档速比是 1 : 1。

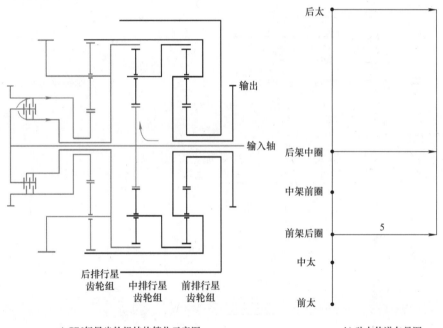

a) GF6 行星齿轮组结构简化示意图   b) 动力传递矢量图

图 4-30 5 档动力传递

7）6 档动力传递

① 6 档：中圈后架输入、中太输入、后太制动，如图 4-31 所示。

② 后排行星轮架作为动力输入部件，带动后排内齿圈超速运转，形成 6 档，动力经由传动链条到主减速器。

③ 输入轴顺时针转动，带动中排太阳轮顺时针转动，中排行星轮逆时针转动，中排齿圈及后排行星轮架转动。

④ 中排行星轮架及前排齿圈顺时针转动作为前排行星齿轮组的输入，因前排太阳轮没

有制动，所以前排行星轮架及后排齿圈不能输出动力，形成空档，不与后排行星齿轮组所传递的动力相干涉。

⑤ 6 档速比是 0.742:1。

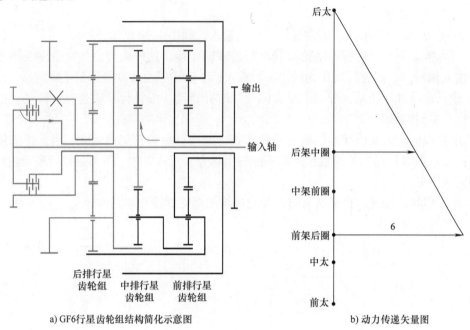

a) GF6行星齿轮组结构简化示意图　　　　b) 动力传递矢量图

图 4-31　6 档动力传递

8）R 位动力传递

① R 位：后太输入、中太输入、中圈后架制动，如图 4-32 所示。

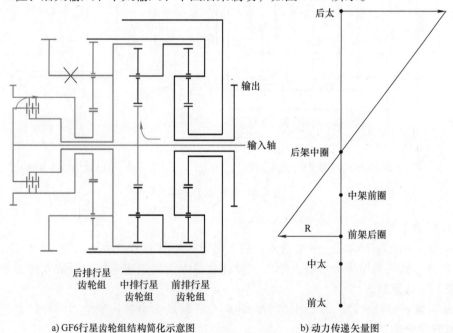

a) GF6行星齿轮组结构简化示意图　　　　b) 动力传递矢量图

图 4-32　R 位动力传递

② 后排太阳轮是动力输入部件，后排行星轮架固定制动，后排内齿圈逆时针转动，形成倒档。

③ 输入轴顺时针转动，带动中排太阳轮顺时针转动，中排行星轮逆时针转动，中排齿圈及后排行星架转动。

④ 中排行星轮架及前排齿圈顺时针转动作为前排星齿轮组的输入，因前排太阳轮没有制动，所以前排行星轮架及后排齿圈不能输出动力，形成空档，不与后排星齿轮组所传递的动力相干涉。

⑤ R 位速比是 2.87∶1。

9）GF6 行星齿轮传动比

1、2、3、4、倒档的传动比都大于 1，属于减速增矩的档位，5 档传动比为 1，是直接档；6 档传动比小于 1，是超速档，见表 4-2。

表 4-2　GF6 行星齿轮传动比

变速器档位	传动比
1st	4.449∶1
2nd	2.908∶1
3rd	1.893∶1
4th	1.446∶1
5th	1.000∶1
6th	0.742∶1
R	2.87∶1
有效传动比	3.37∶1

5. 减速行星齿轮组及链条

作为前轮驱动、变速器横置的自动变速器，除去用于改变传动比的行星齿轮组外，还有一组起到减速器作用的行星齿轮组以及差速器。太阳轮作为输入，齿圈固定，行星轮架与差速器一起输出到两侧传动轴，如图 4-33 所示。

减速太阳轮　减速行星架　减速齿圈

图 4-33　GF6 减速行星齿轮排

6. 输出链轮及链条

作为用于改变传动比的复合行星齿轮组中的输出部件（图 4-34）前排行星轮架与后排齿圈，再经过花键联接把动力传递给主动链轮，再经过链条将动力传递给从动链轮，如图 4-35 所示。

图 4-34　GF6 输出部件

图 4-35　GF6 减速链轮与链条

从动链轮通过花键联接将动力传递给起减速器作用的行星齿轮组的太阳轮，如图 4-36 所示。

图 4-36　减速太阳轮

为了匹配不同发动机动力，变速器的有效减速比是不同的，比如 6T30、6T40、6T45 等等。

减速装置是属于二级减速的。第一级为驱动链轮，即输入、输出的链轮的齿数不同，6T30 输入齿轮的齿数为 38 齿，输出齿轮的齿数 42 齿。第二级为行星齿轮组，其减速比为 3.742。有效减速比为这两个减速比的乘积。在更换换档行星齿轮组、传动链轮或减速行星齿轮组零部件时，一定要注意。如果更换错误，将导致油耗过高、加速无力、车速表不准等等。

7. 平面压力轴承

为了减轻有相对运动的两个部件之间的磨损，在自动变速器内部的行星齿轮组部件之间以及输入轴、输出轴与壳体之间装有压力平面轴承，如图 4-37 所示。

图 4-37　GF6 平面压力轴承

在装配自动变速器时，凡是有相对运动的两个零部件之间，必须装配压力轴承。压力轴承为了很好地定位，在轴承边缘制有翻边。因此，轴承就会有固定的安装方向。如果安装方向错误，就会导致轴承的早期磨损或损坏，安装时要格外注意。

8. 驻车锁止机构

位于驾驶室内的变速杆通过拉线带动变速器内部的档位模式开关和一个锥形杆移动，如图 4-38 所示。

图 4-38　GF6 驻车锁止机构

当变速杆在 P 位以外的位置时，锥形杆不能压迫锁止棘爪，棘爪在回位弹簧的作用下离开变速器输出锁止盘，因而输出轴可以自由转动；当变速杆在 P 位的位置时，锥形杆压迫锁止棘爪，棘爪克服回位弹簧的作用下进入变速器输出锁止盘，因而输出轴不能转动。因此在 P 位时，依靠变速器的输出轴与壳体机械制动。

9. 行星齿轮组故障分析

行星齿轮排常出现的故障有以下几种：

1）行星轮与输入轴或输出轴的花键磨损出现不能传递动力，如图 4-39 所示。

图 4-39　变速器中圈后架与 C4－5－6 离合器毂连接花键－正常零件

2）行星齿轮排的某个元件与其离合器或制动器毂出现脱离现象而不能传递动力，如图 4-40 所示。

图 4-40　GF6 前太阳轮与离合器毂脱离－故障零件

出现上述的故障原因大多为行星齿轮排受到过大的冲击力，比如换档粗暴（即冲击感）等。它可能导致出现档位丢失或完全不能行车的故障。

3）行星齿轮排中的某个齿轮或全部齿轮轮齿损坏。这种故障原因往往是变速器齿轮因缺少油液润滑烧损或某个元件出现局部断齿，但因行星齿轮排的安装关系非常精密，一个断齿往往会导致与之相啮合的整个行星齿轮排都出现齿轮磨损的现象，轻者导致变速器行驶异响，重者出现档位丢失或完全不能行车的故障。GF6 前齿圈的正常零件照片如图 4-41 所示。

图 4-41　GF6 前齿圈的正常零件

当出现行星齿轮烧损时，就要重点检查变速器润滑油路。变速器行星齿轮组的润滑油是变速器油从变矩器出来先经过冷却器进行冷却后再被引入变速器内部进行相关机械部件的润滑。因此要检查变速器油液是否充足、散热器是否堵塞以及与之相串联的所有管路以及密封件是否出现泄压的故障。

如果是某个元件出现上述故障，该元件在哪个档位参与传递动力，就会丧失哪个档位。假如宝骏 630 变速器（GF6）的前太阳轮出现离合器毂与前太阳轮脱离的故障，因前太阳轮只有在 1、2、3、4 档时被制动，虽然离合器毂制动了，但其连接的太阳轮没有制动，因此就会出现 1、2、3、4 档不能行车的故障。因其他档位都不需要前太阳轮制动，所以 5、6、倒档能够正常行车。分析此类故障就需要结合动力流进行。

三、换档执行机构

自动变速器的换档执行机构由换档离合器（简称离合器）和换档制动器（简称制动器）两部分组成。目前所采用的离合器有单向离合器与片式离合器两种；制动器有片式制动器、带式制动器和单向离合器三种。片式离合器或片式制动器是一种利用传动液（ATF）压力来推动活塞移动，从而使离合器片（制动片）结合的离合器（制动器），故又称为活塞式离合器（制动器）。

1. 换档离合器

在自动变速器中，换档离合器的功用是将行星齿轮变速器机构的输入轴与行星排的某一个元件或将行星排的某两个元件连接成一体，用以实现变速传动。

（1）单向离合器

无论是起到离合作用的单向离合器还是起制动作用的单向离合器，其结构常见的有三种，即滚柱式、楔块式和棘轮 – 棘爪式三种。

1）滚柱式离合器。常用的滚柱式单向离合器如图 4-42 所示，它由内圈、滚柱、外圈、弹簧和顶销等组成。一般内圈为主动件，外圈为从动件。当内圈逆时针转动时，滚柱被楔紧而带动外圈转动，离合器接合（锁止状态）；当内圈顺时针转动时，滚柱退入宽槽部位，外圈则不动，离合器分离（自由状态）。如外圈由另一系统带动与内圈同向转动，当外圈转速低于内圈时，离合器即自动接合；若外圈转速高于内圈，离合器则自动分离。

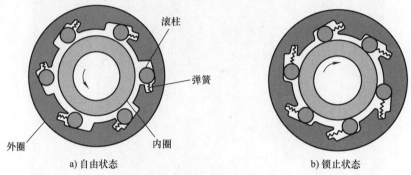

a）自由状态　　　　　　　　　　　　b）锁止状态

图 4-42　滚柱式单向离合器

2）楔块式单向离合器。楔块式单向离合器工作情况与滚柱式单向离合器基本相同，它是由内圈、外圈、楔块、弹簧支架等组成。如图 4-43 所示，楔块的形状比较特殊，楔块的长端长度 A 大于内外圈的距离 B，楔块的短端长度 C 小于内外圈的距离 B，如果内圈固定，外圈可逆时针运动，顺时针则不能转动。宝骏 630 变速器（GF6）导轮单向离合器的结构为楔块式。

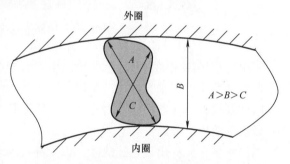

图 4-43　楔块式单向离合器

3）棘轮 - 棘爪式单向离合器。棘轮 - 棘爪式单向离合器（图 4-44）由内套、外套、棘爪与弹簧组成。当内套相对于外套逆时针转动时，因弹簧将棘爪顶起，棘爪镶嵌在外套的棘轮中，使得内外套刚性连接成为一个整体。当内套相对与外套顺时针转动时，棘轮将压迫棘爪及弹簧，使内套可以相对与外套顺时针旋转。宝骏 630 变速器（GF6）的单向离合器的结构类型为棘轮 - 棘爪式。

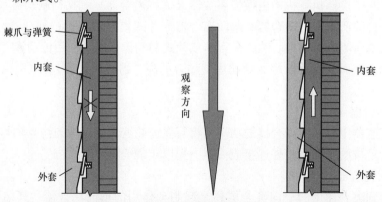

图 4-44　棘轮 - 棘爪式单向离合器

（2）片式离合器

1）片式离合器的结构特点。自动变速器采用的片式离合器的零部件组成如图 4-45 所示，主要由离合器毂、活塞、回位弹簧、离合器片、离合器毂等组成。离合器的内圆制作有若干个键槽，用于安放离合器片。离合器片由若干片主动钢片和从动摩擦片组成。主动钢片与离合器主动件花键刚性联接，从动摩擦片与离合器从动件相连。在离合器的外圆或内圆上制有若干个凸缘，以便与离合器毂或花键毂联接并传递动力。

在自动变速器中，具有离合器毂和花键毂的部件都可与变速器输入轴或行星排的某个元件连接。与输入轴相连的部件为主动件，与行星排相连的部件则为从动件。

图 4-45 中，主动钢片的外圆制有若干个凸缘并安装在离合器毂中，从动摩擦片的内圆制有若干个凸缘并安装在从动件花键毂中。

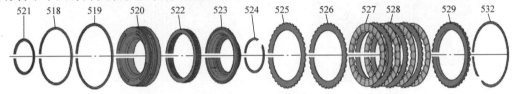

图 4-45　片式离合器的零部件组成

518—活塞密封圈　519—活塞密封圈　520—活塞　521—活塞内密封圈　522—回位弹簧总成　523—活塞挡油板
524—活塞挡油板卡环　525—离合器波形弹簧片　526—离合器压盘　527—离合器摩擦片　528—离合器钢片
529—离合器底板　532—底板限位卡环

从动摩擦片由两个表面粘附有摩擦片的钢片制成。摩擦片由合纤维、酚醛树脂和富有弹性的纸质材料经过硬化和浸渍处理后制成，具有很高的摩擦系数，其摩擦性能受压力和温度影响很小。因为变速器的离合器片都浸泡在传动液中，故又称为湿式离合器。

图 4-46　GF6 的 C4-5-6 离合器摩擦片

为了使其在压紧时迅速的结合，在摩擦片四周制有径向的导油槽。

2）片式离合器的工作原理。片式离合器的工作过程如图 4-47 所示，输入轴为主动件，与输入轴离合器毂一体，主动钢片外圆安放在离合器毂的键槽中，从而实现滑动连接。主动钢片既能随输入轴及离合器毂转动，又能作少量的轴向移动。

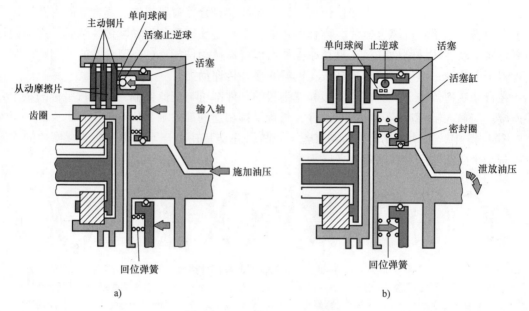

图 4-47　片式离合器工作原理

齿圈为从动件，从动摩擦片的内圆上的凸缘安装在齿圈的外键槽中，从而实现滑动连接。摩擦片也可作少量的轴向移动。

离合器的活塞安装在离合器毂内，活塞与离合器毂之间形成有一个环状油腔，该油腔与液压控制油道相通。环形油腔由活塞内外圆上的 O 形密封圈保证密封。

当液压控制系统的传动液（ATF）经控制油道进入环形油腔时，活塞在油压的作用下克服回位弹簧的弹力向左移动，将主动钢片与从动摩擦片压紧在一起，离合器结合传递动力。图 4-47a 所示动力传递路线：输入轴及离合器毂→主动钢片→从动摩擦片→齿圈。因此，当离合器结合时，便可将输入轴和齿圈连接为一体，从而实现变速传动。

当液压控制系统的油压解除后，活塞在弹簧弹力的作用下复位，离合器又处于分离状态如图 4-47b。

GF6 的离合器 C3 – 5 – R 和 C4 – 5 – 6 的结构就属于片式制动器。注："3 – 5 – R"指此离合器在 3、5、倒档时工作，"4 – 5 – 6"指此离合器在 4、5、6 档时工作。

3）安全阀与平衡油腔的作用。为了保证离合器工作时能够彻底分离，必须满足以下两个条件：

① 当离合器处于分离状态时，主动片与从动片之间必须具有足够的间隙，此间隙一般 0.8 ~ 2.2 mm。间隙不符时，可选用不同厚度的钢片或摩擦片进行调整。

② 当液压控制系统的油压解除后，离合器环形油腔内不能残存传动液。

在离合器的油腔内，由于结构限制，仅设有一条控制油道，通常设在旋转活塞的中心部位。离合器结合与分离时，传动液（ATF）均从同一油道流入或流出。因此当离合器分离时，残留在油腔中的传动液在离心力的作用下就会甩向油腔外缘，使油腔外缘产生一定的油压。这一油压作用在活塞上会使离合器分离不彻底，导致离合器从动摩擦片与主动钢片磨损加剧而缩短其使用寿命。为此，在油腔周围的离合器毂外缘或活塞外缘上设有一个球阀（溢流阀或甩油阀），或在离合器油腔的对面设置一个平衡油腔。

如图4-48a所示，当传动液流入环形油腔时，具有一定压力的传动液将球阀压紧在阀座上，安全阀口处于关闭状态，传动液（ATF）充入油腔使油压升高。

当需要离合器分离时，液压控制系统接通回油油道，油腔内的传动液（ATF）流出，油压降低，球阀在离心力的作用下离开阀座，安全球阀处于开启状态，残留在油腔中的传动液（ATF）在离心力的作用下便可从安全阀阀口流出，使离合器快速并彻底分离，如图4-48b所示。

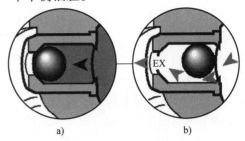

图4-48 甩油阀结构原理

GF6采用的是平衡腔的形式，如图4-49所示。C4-5-6活塞的右边为平衡油腔，左侧为离合器工作油腔。平衡腔始终有一定的油压，该油压比活塞工作时的油压低一些。当离合器压紧时，通过中心油道向活塞左侧充油，此工作油压克服弹簧弹力和平衡油腔的压力，使得活塞向右移动压紧离合器片。当离合器需要泄压时，活塞左侧工作油腔的中心油道与泄压口相通，活塞在平衡油腔的油压推动作用和回位弹簧的作用下向左移动，这样活塞左侧工作油腔的油液被彻底从中心油道挤出，使得离合器彻底分离。

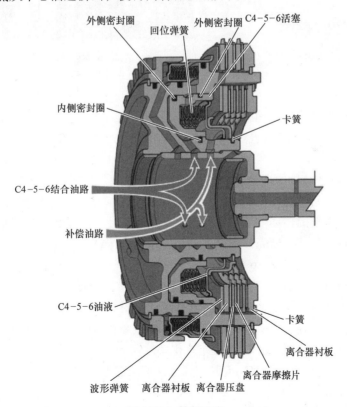

图4-49 平衡油腔

4）波形弹簧的作用。为了防止离合器突然结合而导致的冲击现象，离合器在初步结合时，活塞首先挤压波形弹簧变形，依靠波形弹簧的弹性变形吸收能力起到缓冲的作用。GF6在每一组离合器中都安装有波形弹簧，并且此波形弹簧始终紧靠在活塞侧，如图4-50所示。

5）离合器片间隙。为了保证离合器在完全释放时，钢片与摩擦片完全分离，钢片和离合器之间必须有一定的间隙。此间隙一般为0.8～2.2mm（此值为推荐值，而非标准值）。如果间隙过小，可能导致钢片与摩擦片产生干涉或磨损严重的故障；如果间隙过大，在离合器工作时，活塞移动的行程将增加，这样可能导致换档时间延长而出现换档打滑的故障。因此维修中一定要注意间隙合适。GF6变速器C1-2-3-4离合器间隙测量如图4-51所示。

图4-50　波形弹簧

图4-51　GF6变速器C1-2-3-4离合器间隙测量

2. 换档制动器

换档制动器是换档执行机构的锁止元件，其功用是锁止行星排中的某个元件，以便实现换档。换档制动器分为片式制动器、带式制动器和单向离合器三种。

（1）片式制动器

1）片式制动器的结构原理。片式制动器的结构原理与片式离合器基本相同，仅零部件的名称有所不同。分别称为制动器毂、制动器片（主动钢片、从动摩擦片）、活塞和回位弹簧等。当液压控制系统的传动液使活塞移动时，主动钢片与从动摩擦片压紧在一起，便将制动器连接的行星排元件变速器壳体锁定，从而实现变速传动。

GF6的C1-2-3-4、C2-6和CL-R的结构就属于片式制动器。

2）片式制动器的排气孔。为了防止液压活塞内有空气而产生的气阻现象，三个片式制动器的活塞上或离合器液压缸上制有排空气孔。此孔很小，对油液有节流阻尼作用。当液压油流入油腔时，空气从排气孔中排出，防止了气阻现象的发生，同时也防止油液泄漏过量。因此在安装活塞或离合器液压缸时，此排气孔必须向上安装。制动器C2-6的排气孔在活塞上，制动器C1-2-3-4和CL-R的排气孔在液压缸上，如图4-52所示。

（2）带式制动器

制动器的作用是将行星齿轮组的一个基本元件加以制动，它是由制动鼓、制动带、液压缸以及伺服器活塞等组成。制动鼓与行星齿轮组的一个基本元件机械连接，并随之一起旋

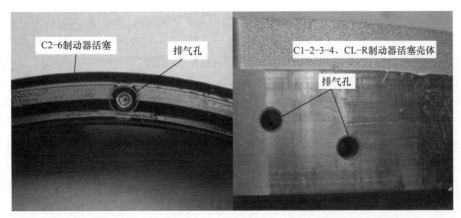

a) C2-6的排气孔　　　　　　　　　　　　b) C1-2-3-4和CL-R的排气孔

图 4-52　制动器上的排气孔

转。制动带的一端固定或支撑在变速器制动带间隙调整元件上，另外一端由液压缸的活塞推杆驱动，如图 4-53 所示。

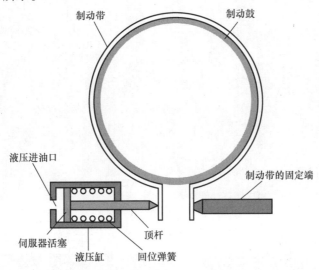

图 4-53　带式制动器

　　制动时，油路中的油液推动伺服器活塞，克服弹簧力向制动带的一端推动推杆，使制动带紧箍到制动鼓上。在摩擦力作用下，制动带和制动鼓接合到一起。从而制动了行星齿轮组中的某一元件。释放时，泄放掉施加侧的油压，推杆在弹簧力的作用下回位。

　　制动器不工作或处于释放状态时，制动带与制动鼓之间应有适当的间隙。间隙过大或过小都会影响制动器的正常工作，这个间隙一般是可以调整的。

　　（3）单向离合器

　　起到制动作用的单向离合器，其结构和工作原理与起到离合器作用的单向离合器完全一致，常见的也是滚柱式、楔块式和棘轮－棘爪式三种。但它只允许行星齿轮组中的某个元件顺时针旋转。逆时针锁止时起到制动作用，它的内圈或外圈与壳体刚性连接。

　　宝骏 630 GF6 的变矩器导轮的单向离合器就是楔块式。外圈连接有叶轮，内圈通过花键与变速器壳体一体起到固定作用。

宝骏630的单向离合器的结构就属于棘轮－棘爪式。离合器的外套通过花键与壳体联接，内套通过花键与后排行星齿轮组的行星轮架联接，起到制动后排行星轮架的作用。

（4）GF6离合器、制动器结构特点

自动变速器的行星齿轮组中某一部件的结合或制动，是通过离合器和制动器来实现的。GF6内部共有两组片式离合器、三组片式制动器和一个单向离合器，其作用各不相同。片式离合器的作用是将行星齿轮组中的某一元件与输入轴结合或分离起到离合作用。片式制动器的作用是将行星齿轮组中的某一元件与变速器壳体结合或分离起到制动作用。GF6中起到离合器作用的片式离合器有C3－5－R和C4－5－6，起到与变速器壳体结合、分离作用的片式制动器有C1－2－3－4、C2－6和CL－R。只允许某个元件单方向旋转的单向离合器一个。

C3－5－R离合器（图4-54）的作用是使后排太阳轮和输入轴结合或分离。

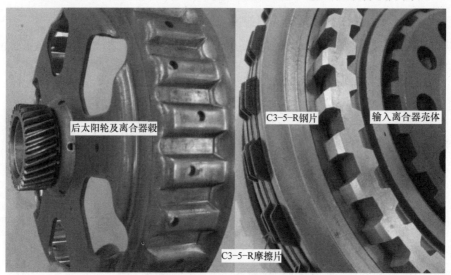

图4-54　C3－5－R离合器

C4－5－6离合器（图4-55）的作用是使中排齿圈及后排行星轮架与输入轴结合或分离。

图4-55　C4－5－6离合器

C1 – 2 – 3 – 4 制动器（图 4-56）的作用是制动或释放前排行星齿轮太阳轮。

图 4-56 C1 – 2 – 3 – 4 制动器

CL – R 制动器（图 4-57）的作用是制动或释放中排齿圈及后排行星轮架。

图 4-57 CL – R 制动器

C2 – 6 制动器（图 4-58）的作用是制动或释放后排太阳轮。

OWC 低 – 倒单向离合器（图 4-59），从输入轴方向看，中排齿圈及后排行星轮架只能顺时针旋转，不能逆时针转动，当有逆时针转动的趋势时，起到制动的作用。

3. GF6 元件动作表

自动变速器为了得到不同的档位，分别通过结合、释放某个离合器来完成档位的变换。不同档位元件执行动作见表 4-3。

图 4-58　C2 – 6 制动器

图 4-59　OWC 低 – 倒单向离合器

表 4-3　不同档位元件执行动作

档把位置	档位	C4 – 5 – 6	C3 – 5 – R	C2 – 6	CL – R（OWC）	CL – R	C1 – 2 – 3 – 4
P	P					结合	
R	R		结合			结合	
N	N					结合	

（续）

档把位置	档位	C4 – 5 – 6	C3 – 5 – R	C2 – 6	CL – R（OWC）	CL – R	C1 – 2 – 3 – 4
D	1st				Holding②		结合
	1st①				Holding②	结合①	结合
	2nd			结合			结合
	3rd		结合				结合
	4th	结合					结合
	5th	结合	结合				
	6th	结合		结合			

① 发动机制动。

② 单向离合器保持。

1）P 位时，只有 CL – R 低倒档离合器工作，其他离合器不工作。

2）R 位时，C3 – 5 – R 和 CL – R 低倒档离合器工作。

3）N 位时，与 P 位相同，只有 CL – R 低倒档离合器工作，其他离合器不工作。

4）D 位 1st 档时，CL – R（OWC）低倒档单向离合器起作用，保持不动，C1 – 2 – 3 – 4 离合器工作。

5）D 位 1st 档时，CL – R（OWC）低倒档单向离合器起作用，保持不动，同时 CL – R 低倒档离合器也工作，C1 – 2 – 3 – 4 离合器工作，起到发动机制动的作用。

6）D 位 2st 档时，C2 – 6 和 C1 – 2 – 3 – 4 离合器工作。

7）D 位 3st 档时，C3 – 5 – R 和 C1 – 2 – 3 – 4 离合器工作。

8）D 位 4st 档时，C4 – 5 – 6 和 C1 – 2 – 3 – 4 离合器工作。

9）D 位 5st 档时，C4 – 5 – 6 和 C3 – 5 – R 离合器工作。

10）D 位 6st 档时，C4 – 5 – 6 和 C2 – 6 离合器工作。

4. 离合器或制动器故障分析

离合器或制动器常见的故障分两类，一是液压密封，另一类为离合器片或制动带磨损等。

离合器或制动器的液压活塞要想能够正常工作移动，密闭的油路是必不可少的。如果离合器壳体开裂、活塞与壳体的密封圈老化或变形、离合器液压缸出现磨损、离合器之前的管路出现泄压，都会导致离合器或制动器不工作。正常的 GF6 的照片如图 4-60 所示。

a）GF6 C2-6活塞液压缸-正常零部件　　　b）GF6 C2-6活塞及密封面-正常零部件

图 4-60　GF6 正常零部件

离合器片、钢片或制动带磨损，通常是由于离合器片或制动带间隙过大导致，或离合器、制动器因部分泄压使离合器或制动带处于半分离状态而导致的，如图 4-61 所示。出现这种故障，切记不能盲目的只更换被烧毁的离合器片、钢片或制动带，而是应该重点检查离合器或制动器活塞的密封性能以及油泵输出压力等问题。只有确保以上没有问题，才能更换对应的磨损部件。同时需要检查离合器片的间隙是否合适，如果不合适，需

图 4-61　磨损后的离合器片和钢片

要更换不同厚度的钢片来调制到合适的间隙。带式制动器的间隙调制一般通过调制螺钉来实现。

第三节　液压控制系统的结构与原理

一、液压传动装置

1. 液压泵

离合器活塞油液的动力源是液压泵，同时液压泵也要将动力油液输出给变矩器，以实现液力传递动力。GF6 液压泵的结构类型为内外齿的齿轮泵如图 4-62 所示。中间是驱动齿轮，外部是从动齿轮。中间驱动齿轮通过变矩器与其配合的平面花键进行驱动，因变矩器平面花键与变矩器壳体是由发动机飞轮通过螺钉连接，所以只要发动机运行，液压泵就开始工作泵油。

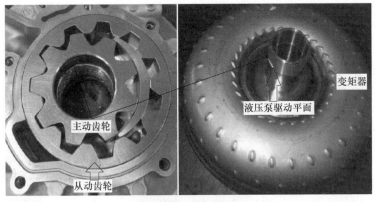

图 4-62　GF6 液压泵

2. 自动变速器油（ATF）

自动变速器油（Automatic Transmissior Fluid，ATF）是专门用于自动变速器的油液，具有传递能量、润滑、清洗和冷却等功用，是一种特殊的高级润滑油，如图 4-63 所示。当前

的自动变速器油既是液力变矩器的传动油，又是行星齿轮结构的润滑油和换档装置的液压油。

自动变速器使用的 ATF 必须满足以下使用要求：

1）适当的黏度和良好的黏度稳定性。自动变速器的工作温度范围较大，一般为 −40 ～ +170℃，其黏度变化范围也较大。就提高液力变矩器的传动效率和控制系统动作的灵敏度以及汽车低温顺利起步而言，传动液黏度低较为有利；就满足行星齿轮变速机构的润滑要求和防止泄漏而言，传

图 4-63 变速器专用油液

动液黏度又不能过低。为了满足自动变速器各部件的使用要求，传动液在不同的温度条件下，必须达到规定的黏度值。

2）良好的热氧化稳定性。传动液工作时的最高温度可达 170℃，若热氧化稳定性不好，就会发生高温氧化沉淀物，使各种液压控制阀和换档元件工作失灵。

3）良好的抗磨性。自动变速器齿轮变速机构的工作条件比较苛刻，且其零部件分别采用钢、铜等不同金属材料制成。因此，要求传动液能够保证不同材料制成的零部件均不易磨损。

4）良好的抗泡性。传动液产生泡沫，不仅会降低液力变矩器的传动效率和液压控制机构动作的灵敏度，而且还会导致液压传动系统油压波动，严重时能导致供油中断。因此，要求传动液具有良好的抗泡性，机械搅拌式产生的泡沫应能迅速消失。

5）对橡胶密封材料具有良好的适应性。自动变速器的密封件采用丁晴橡胶、丙烯橡胶和硅橡胶（合成橡胶的一种）等密封材料制成。传动液应不会使这些密封件产生明显的膨胀、收缩和硬化现象，否则就会导致传动液泄漏。

自动变速器的传动液在使用过程中，应当注意以下几点：

1）绝对不能错用、混用。在汽车用油中，ATF 的成分比较复杂。自动变速器对加油方法、加油量和换油间隔里程都有严格的规定，必须照章行事，否则变速器就易出现故障，甚至严重影响其使用寿命。GF6 所使用的变速器油液是 DEXRON VI，变速器油液的更换周期为 10 万 km。在恶劣工况下行驶，油液的更换周期为 5 万 km。GF6 油液加注量见表 4-4。

表 4-4　GF6 油液加注量

应用	规格/L
阀体盖的拆卸 - 容量近似值	5.0 ～ 7.0
油液更换 - 放油螺塞 - 容量近似值	4.0 ～ 6.0
大修 - 容量近似值	8.0 ～ 8.5

2）散热器工作良好。变速器的热源主要是变矩器，传动液在变速器中循环传递能量，会使自身的温度升高，其正常使用温度一般在 50 ～ 80℃，最高温度可达 170℃。油温过高，会加剧传动液变质，缩短其使用寿命。为了保证变速器正常工作，汽车上专门设计有一套传动液冷却系统或专门的散热器，或在变速器壳体上设有冷却水道进行散热。这些散热装置工作状态必须良好。GF6 油液通过专门的散热器进行散热，其散热器与发动机冷却液散热器一

体，如图 4-64 所示。注意，当变速器出现了离合器片烧毁或大修后，一定要进行变速器冷却器的清洗，否则易导致变速器再次出现故障。清洁的方式可以是使用干净的变速器油液反复吹洗几次，直到流出的油液和新的油液颜色相同为止。

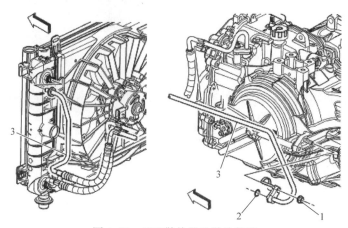

图 4-64　GF6 散热器及散热管路
1—散热油管螺栓　2—垫圈　3—变速器散热油管

3）通风塞必须保持畅通。为了防止变速器工作时内部压力过高，在变速器壳体上设有通风塞，使其内部与外界空气保持畅通，如图 4-65 所示。若通风塞过脏或堵塞，则会导致传动液因压力过高而出现泄漏。

3. ATF 滤清器

自动变速器在使用中，会在齿轮变速器机构中产生铁屑、铜屑和摩擦片上的摩擦材料等杂质以及油液因高温产生的硬化胶质物等，如果不设置油液滤清器，这些异物就会进入机油泵、液压阀体，就会导致油泵早期磨损和精密阀体工作部件的卡滞等故障，因此自动变速器设置有油液滤清器，如图 4-66 所示。

图 4-65　GF6 通风口

GF6 的 ATF 滤清器是一次性的部件，不得进行清洗维修。在每次大修或解体维修时需要更换滤清器。更换滤清器时，注意上边有密封圈，漏装或损坏会导致变速器的故障。安装时应用变速器液润滑。位于滤清器壳体上的磁铁也应该进行清洁并安装在新的滤清器上。

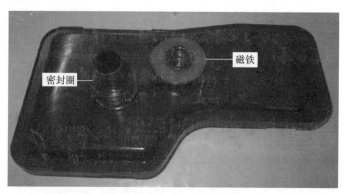

图 4-66　GF6 ATF 滤清器

二、液压控制装置

电子控制式自动变速器液压控制系统的控制装置主要由调压阀、节流阀、换档阀、电磁阀、受控阀、锁止阀以及连接这些液压控制装置的油道组成。

油压控制装置安装在阀体中，阀体总成一般都安装在变速器的下部或侧部，由阀体、阀体盖板、阀体板（阀板）组成，如图4-67所示。GF6阀体安装变速器的侧部。

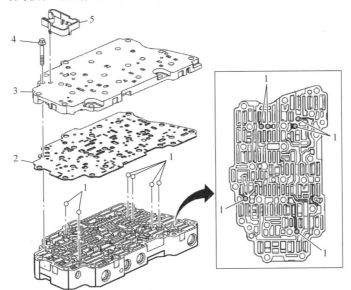

图4-67　GF6的液压控制阀体
1—控制阀体单向球阀（数量：6）　2—控制阀筒状盖板隔板总成　3—阀筒状盖板
4—控制阀体螺栓 M5×40.5（数量：1）　5—控制电磁阀支架

阀体中安装有许多液压阀，各种液压阀的控制油道制作在阀体上，这些控制油道密密麻麻、弯弯曲曲，形似迷宫。GF6阀体的油压阀如图4-68所示。

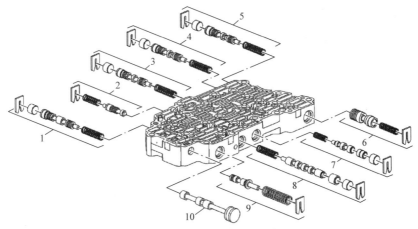

图4-68　GF6阀体的油压阀
1—1-倒档和4-5-6档离合器调节阀组　2—1-2-3-4档离合器助力阀组　3—1-2-3-4档离合器调节阀组
4—2-6档离合器调节阀组　5—3-5-倒档离合器调节阀组　6—离合器活塞挡板进油调节阀组
7—变矩器离合器调节器接合阀组　8—离合器选择阀组　9—执行器进油量限制阀组　10—手动阀

1. 调压阀

在装备自动变速器的汽车上，发动机一旦转动，液压泵在曲轴的带动下就开始旋转，将变速器壳体中的传动液泵入主油路，使主油路油压升高。如果主油路油压过高，就会导致变速器换档冲击或传动液产生泡沫，影响变速器的正常工作。调压阀的作用就是将主油路油压控制在一定范围内。

根据总体结构不同，调压阀可分为球阀式、活塞式和滑阀式三种类型。

（1）球阀式调压阀

球阀式调压阀由球阀、弹簧和阀座组成，结构原理如图 4-69 所示。

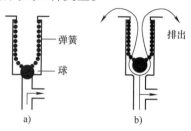

图 4-69　球阀式调压阀结构原理

油路规定的油压由弹簧预紧力决定。当油路油压低于弹簧预紧力时，弹簧将球阀压紧在阀座上，如图 4-69a 所示，油路油压随油泵转速升高和油量增加而升高。

当油路压力高于弹簧预紧力时，弹簧被压缩，球阀打开，如图 4-69b 所示，部分传动液从球阀口排出，使油路压力降低到规定油压。

GF6 液压系统的控制阀采用球阀式的调压阀，即应用在主油路中的主油路调压阀和变矩器油路调压阀。主油路调压阀也叫管路过压放泄阀（图 4-70a），防止主油路油压无限制的升高。变矩器调压阀也叫释放放泄阀（图 4-70b）。

（2）活塞式调压阀

活塞式调压阀由活塞、弹簧和阀座组成，结构原理如图 4-71 所示。

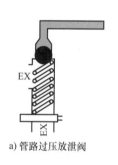

a) 管路过压放泄阀　　b) 释放放泄阀

图 4-70　GF6 的球阀式调压阀

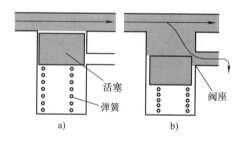

图 4-71　活塞式调压阀结构原理

油路规定的油压由弹簧预紧力决定。来自油泵的油液从进油口进入阀体并作用到活塞的上端面上。当油路压力低于弹簧预紧力时，弹簧伸长，活塞将泄压的进排液口关闭，如图 4-71a 所示，油路油压随油泵转速升高和油量增加而升高。

当油路压力高于弹簧预紧力时，弹簧被压缩，活塞移动将进排液口关闭，如图 4-71b 所示，部分传动液从进排液口排除泄压，使油路压力降低到规定压力。

（3）滑阀式调压阀

普通的滑阀式调压阀由滑阀、弹簧和阀体组成，结构如图 4-72 所示，其工作原理与活塞式调压阀相似。

弹簧预紧力作用在滑阀底部端面 B 上，来自油泵的油液从进液口进入阀体并作用到滑阀上部端面 A 上。

当油路压力对端面 A 的作用力低于弹簧预紧力时，弹簧伸长，滑阀上移将进排液口关闭，如图 4-72a 所示，油路油压随油泵转速的升高和油量增加而升高。

当油路压力对端面 A 的作用力高于弹簧预紧力时，弹簧被压缩，滑阀向下移动将进排液口打开，如图 4-72b 所示，部分传动液从进排液口泄压，使油路压力降低到规定油压。

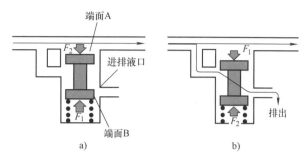

图 4-72 滑阀式调压阀结构原理

GF6 液压系统的控制阀采用滑阀式的调压阀，如图 4-73 所示，有电磁阀信号油路调压阀和补偿油路调压阀。因电磁阀的信号油压和补偿油路要求的油压通常比较低，而且不希望随主油路油压的高低变化而变化，而应是一个相对恒定的低压油路，所以通过该阀可以达到降低压力的目的。其输出油压高低取决于弹簧弹力的大小。

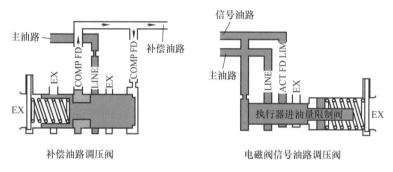

图 4-73 GF6 滑阀式调压阀

为了使输出的油路油压相对稳定，在管路中设置有节流孔。节流孔是通过阀体隔板上的小孔来实现的，如图 4-74 所示。

（4）改进滑阀式调压阀

改进滑阀式调压阀的结构如图 4-75所示，其工作原理是根据传动液压力暂时升高或降低来调节油压（保压、调压、降压、升压）。在滑阀上作用有两个力，弹簧安装在滑阀底

图 4-74 GF6 阀体隔板的节流孔

部，其预紧力 F_2 始终作用在滑阀上。来自油泵的传动液通过进排液口 1 加到滑阀 A 和端面 B 上，因为端面 B 的面积大于 A 的面积，所以在端面 B 上将作用一个使滑阀向下移动的力 F_1（F_1 等于端面 B 上的压力减去端面 A 的压力）。

当传动液的压力低于规定值时，作用力 F_1 小于弹簧预紧力 F_2，进排液口 3 保持关闭，如图 4-75a 所示，来自油泵的传动液经过进排液口 1 直接从进排液口 2 排出，传动液压力不

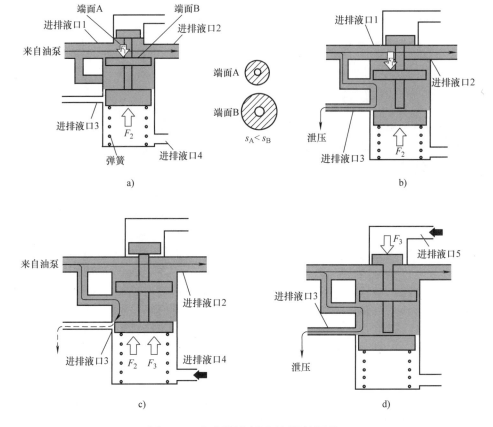

图 4-75　改进滑阀式调压阀结构原理

会改变，从而实现"保压"的功能。

当传动液压力超过规定值时，作用力 F_1 就会超过弹簧预紧力 F_2 并推动滑阀向下移动，将进排液口 3 打开，如图 4-75b 所示，来自油泵的部分传动液就会从进排液口 3 排出泄压，使进排液口 2 排出传动液的压力降低，从而实现"调压"的功能。

如果进排液口 4 与具有一定压力的油路接通，使滑阀底部增加一个向上的推力 F_3（相当于弹簧预紧力增大 F_3），如图 4-75c 所示，那么进排液口 3 的开启面积和传动液的流量就会减小，相应的就会增大进排液口 2 处传动液的流量，使进排液口 2 处传动液的压力升高，从而起到"升压"作用。

同理，如果进排液口 5 与具有一定压力的油路接通，使滑阀顶部增加一个向下的推力 F_3，如图 4-75d 所示，那么进排液口 3 的开启面积和传动液流量机会增大，相应的就会减小进排液口 2 处传动液的流量，使进排液口 2 处传动液的压力降低，从而起到"降压"作用。

2. 球阀

在变速器液压阀体内设置有若干的球阀，有的球阀起到单向阀的作用，有的起到油路开关的作用，如图 4-76 所示。

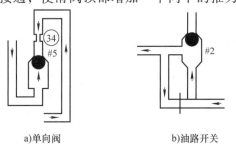

a)单向阀　　b)油路开关

图 4-76　变速器液压阀体内的球阀

GF6 在阀体内部共有六个球阀，如图 4-77 所示，在维修时注意不能装错位置，不能漏装。

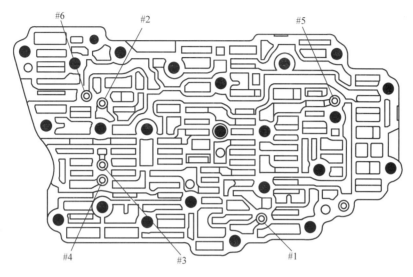

图 4-77　GF6 阀体球阀位置

3. 控制阀

控制阀的功用是转换通向各换档执行元件（离合器、制动器）的油路，以便实现档位变换。控制阀分为手动控制阀（简称手控阀）、液压控制阀（简称液压阀）和电磁控制阀（简称电磁阀）和温度控制阀（简称温控阀）。

（1）手控阀

手控阀是由手动操纵的换向阀，滑阀的阀芯通过机械拉索与变速杆相连接。当变速杆处于不同的位置时，滑阀随阀杆移动至相应位置，从而接通相应的油路，如图 4-78 所示。

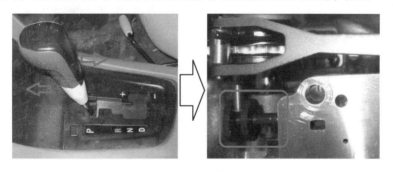

图 4-78　GF6 手控阀

由变速杆操纵的选档阀就是一只多路控制阀。该手控阀的功用是根据变速杆的位置不同，接通主油路与不同档位（P、R、N 和 D）之间的油路。宝骏 630 的手控阀的结构及其控制油路如图 4-79 所示。

当手控阀在 P 位置（图 4-79a），主油路与受控油路 A 和受控油路 B 都不相通；当手控阀在 R 位置（图 4-79b），主油路与受控油路 B 相通，与受控油路 A 不相通；当手控阀在 N 位置（图 4-79c），其控制效果与 P 位置相同，主油路与受控油路 A 和受控油路 B 都不相通；当手控阀在 D 位置（图 4-79d），主油路与受控油路 A 相通，与受控油路 B 不相通。

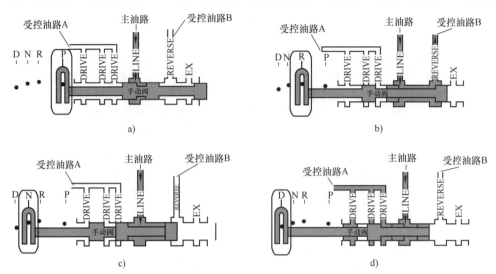

图 4-79　GF6 手控阀结构原理

通过以上分析，宝骏 630 手控阀的作用就是在挂前进档时，通过手控阀向前进档油路（受控油路 A）提供传动液；挂倒档时，通过手控阀向倒档油路（受控油路 B）提供传动液；在驻车档和空档时，停止前进档油路（受控油路 A）提供传动液，并向倒档油路（受控油路 B）提供传动液。

自动变速器变速杆所处的位置与手动变速器有很大的区别。对于自动变速器而言，变速杆所处的位置与自动变速器所处的档位是两个完全不同的概念。实际上，变速杆只改变自动变速器阀体的总成中手动阀的位置，而变速器所处的档位是由手动阀和换档执行元件（离合器、制动器等）的工作状态所决定的，既取决于手动阀的位置，又取决于汽车车速、发动机的节气门开度等因素。变速杆有 P、R、N、D、M 五个位置（图 4-80），各档位代号的含义如下：

图 4-80　GF6 变速器的变速杆

1）代号 P，也叫驻车档。当变速杆拨到 P 位时，自动变速器的停车锁止机构（机械机构）将变速器的输出轴锁止，使汽车驱动轮不能转动，从而防止汽车移动。于此同时，换档执行机构使自动变速器处于空档状态。

2）代号 R，也叫倒档。当变速杆拨到 R 位时，换档执行机构将接通自动变速器倒档油路，使倒档的动力传递路线接通，汽车驱动轮反转而实现倒退行驶。

3）代号 N，也叫空档。当变速杆拨到 N 位时，换档执行机构使自动变速器处于空档状态，发动机的动力虽然能够经过输入轴输入变速器，但是各齿轮只是空转，变速器输出轴不能输出动力。

装备自动变速器的汽车在使用过程中，只有当变速杆处于 P 位或 N 位，使变速器处于空转状态时，发动机才能起动。此功能由空档起动开关控制，宝骏 630 的 GF6 由档位开关来控制。

4）代号 D，也叫前进档。变速杆拨到 D 位时，宝骏 630 GF6 可以获得六个不同的传动比传递动力。在汽车行驶过程中，如果变速杆位于 D 位，自动变速器的控制系统将根据汽车速度、节气门开度等电信号参数，按照预先设定的换档规律自动变换档位，使汽车以不同车速行驶。在道路良好的情况下行驶时，变速杆应当拨到 D 位。

5）代号 M，也叫手动档。变速杆拨到 M 位时，宝骏 630 GF6 处于手动换档模式。此位置允许驾驶人进行手动换档，驾驶人可通过操纵变速杆的前、后移动来实现加档或减档。

在手动模式下，汽车下较陡峭的坡道时，为了减少制动系统的负荷，采用手动换档模式选择较低的档位，可以利用发动机的反托进行发动机制动。坡道越陡峭，选择的档位应该越低。当车辆在雨雪或泥泞的道路上起步时，因轮胎的附着力较低，如果变速器仍然从 1 档起步，因变速器的输出转矩较大，极易导致起步时轮胎打滑。所以此时，驾驶人需要将变速杆拨到 M 位，选择较高的档位（如 2 档或 3 档），这样降低了变速器的输出转矩，汽车就可以起步了。路面打滑的程度越高，选择的手动起步的档位应越高。

（2）电磁阀

控制电磁阀阀体总成直接用螺钉固定在变速器阀体上，通过一个 14 针脚的插接器连接在发动机线束上，一个滤网（可维修更换）保护电磁阀总成不被脏物污染，如图 4-81 所示。

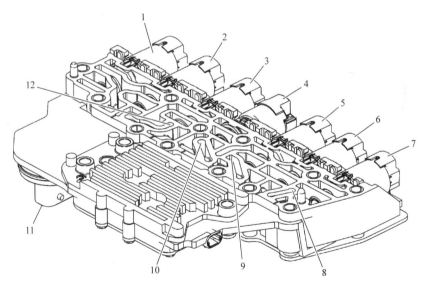

图 4-81 控制电磁阀阀体总成

1—压力控制电磁阀 3（R - 1；4 - 5 - 6） 2—压力控制电磁阀 2（3 - 5 - R） 3—变矩器离合器（TCC）压力控制电磁阀
4—换档电磁阀（通电/断电） 5—压力控制电磁阀 5（1 - 2 - 3 - 4） 6—压力控制电磁阀 4（2 - 6）
7— 管路压力控制电磁阀 8—变速器油压力（TFP）开关 1（3 - 5 - R） 9—变速器油压力（TFP）开关 2（1 - 2 - 3 - 4）
10—变速器油压力（TFP）开关 3（2 - 6） 11—线路插接器 12—变速器油压力（TFP）开关 4（R - L；4 - 5 - 6）

这些部件不能单独维修。控制电磁阀（带阀体和变速器控制模块）总成利用铅制框架系统将这些部件电气连接到变速器控制模块上。这些部件没有使用导线。控制电磁阀总成螺栓直接固定阀体总成。控制电磁阀总成与发动机线束通过 14 针插接器连接，如图 4-82 所示。

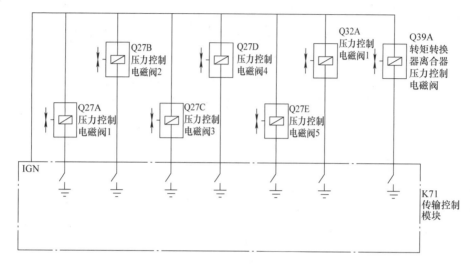

图 4-82　电磁阀示意图

1）变矩器离合器压力控制电磁阀。变矩器离合器（TCC）压力控制（PC）电磁阀只控制电磁阀（带阀体和变速器控制模块）总成的一部分且不能单独维修，如图 4-83 所示。变矩器离合器压力控制电磁阀通常是低压控制电磁阀，其作用是控制通向变矩器离合器的液压油油路的流向，来实现变矩器离合器的结合和分离。

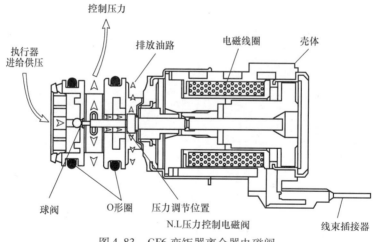

图 4-83　GF6 变矩器离合器电磁阀

2）换档电磁阀。换档电磁阀（SS）1 是下控制阀体的一部分，如图 4-84 所示。换档电磁阀 4 为常闭（NC）电磁阀，控制流向离合器选择阀 3 和相关离合器阀的油液，其作用是当变速器档位从 P－R－N－D 转换时工作，实现油路走向的控制。

3）管路压力控制电磁阀（Line PCS）。管路压力控制电磁阀是 N. H（Normally－High）型电磁阀，是电磁阀总成的一部分，不可单独维修，如图 4-84 所示中 7 所示。在电磁阀断

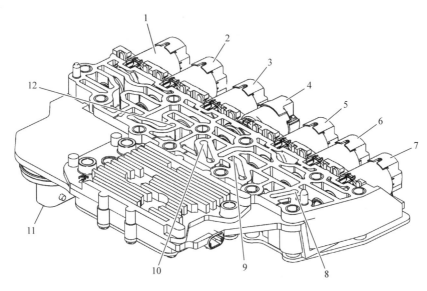

图 4-84　GF6 换档电磁阀

1—压力控制电磁阀 3（R-1，4-5-6）　2—压力控制电磁阀 2（3-5-R）　3—变矩器离合器（TCC）压力控制电磁阀
4—换档电磁阀（通电/断电）　5—压力控制电磁阀 5（1-2-3-4）　6—压力控制电磁阀 4（2-6）
7—管路压力控制电磁阀　8—变速器油压力（TFP）开关 1（3-5-R）　9—变速器油压力（TFP）开关 2（1-2-3-4）
10—变速器油压力（TFP）开关 3（2-6）　11—电路连接器　12—变速器油压力（TFP）开关 4（R-L，4-5-6）

电时，排放油路被封闭；在电磁阀加电时，控制油压油路和排放油路相通。它的作用是调节整个系统的油路的油压。TCM 利用脉宽控制的方式，来控制电磁阀的开度的大小，从而控制系统油压的大小。

4）离合器压力控制电磁阀。离合器压力控制电磁阀（图 4-84）有两种类型：N.L（Normally-Low）型和 N.H（Normally-High）型。

离合器压力电磁阀的控制方式有两种：脉宽控制和开关控制。

离合器压力控制电磁阀 2（图 4-84 中 2）是 N.H 型，控制方式为开关式。控制的是 C3-5-R 离合器油液的流向。

离合器压力控制电磁阀 3（图 4-84 中 1）是 N.H 型，控制方式为脉宽式。控制的是 CR-1 离合器、C4-5-6 离合器油液的流向与压力的调节。

离合器压力控制电磁阀 4（图 4-84 中 6）是 N.L 型，控制方式为脉宽式。控制 C2-6 离合器的油液的流向与压力的调节，目的实现离合器的释放、结合以及油压的大小调节，从而保证换档柔和，无冲击感、打滑感。

离合器压力控制电磁阀 5（图 4-84 中 5）是 N.L 型，控制方式为开关式。控制的是 C1-2-3-4 离合器油液的流向，目的实现离合器的释放、结合。

5）换档电磁阀和压力控制电磁阀与档位的关系。TCM 就是通过控制不同电磁阀的工作，来控制通往不同离合器的油液的流向，使其释放或压紧，从而控制行星齿轮组不同部件的结合、释放来实现各个档位的变换。从表 4-5 中也可看出，当所有的电磁阀都不工作时（例如断开 TCM 插头），因电磁阀 2、3 为常高型，其控制的油路到 C3-5-R 离合器、CL-R 离合器、C4-5-6 离合器是有油压。在依据（表 4-3）得知，此时可以实现倒档和前进 5

档。这就是所说的故障模式的应用。

表4-5　换档电磁阀和压力控制电磁阀与档位的关系

档位	换档电磁阀1	C1-2-3-4 压力控制电磁阀 5 N. L	C2-6 压力控制 电磁阀4 N. L	C3-5-R 压力控制 电磁阀2 N. H	CL-R、C4-5-6 压力控制电磁阀 3 N. H
P	ON	OFF	OFF	OFF	ON
R	ON	OFF	OFF	ON	ON
N	ON	OFF	OFF	OFF	ON
1st（制动）	ON	ON	OFF	OFF	ON
1st	OFF	ON	OFF	OFF	OFF
2nd	OFF	ON	ON	OFF	OFF
3rd	OFF	ON	OFF	ON	OFF
4th	OFF	ON	OFF	OFF	ON
5th	OFF	OFF	OFF	ON	ON
6th	OFF	OFF	ON	OFF	ON

注：对于换档电磁阀1，ON＝电磁阀通电（有压力），OFF＝电磁阀断电（无压力）。

对于压力控制电磁阀，ON＝有压力，OFF＝无压力。

（3）液压阀

液压阀是一种由液压控制的换向阀，结构原理如图4-85所示，滑阀的一端作用着弹簧预紧力，另一端作用着传动液压力。

当传动液对滑阀的作用力低于弹簧预紧力时，弹簧伸长，滑阀左移，使控制阀左边的油路接通、右边油路关闭。如图4-87a所示；当传动液压力高于弹簧预紧力时，滑阀压缩弹簧右移，使控制阀右边的油路接通、左边油路关闭，如图4-87b所示，从而实现油路的转换。

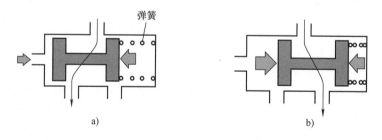

图4-85　液压控制阀的结构原理

改进液压滑阀（阀芯）的两端都可以施加传动液压力，如图4-86所示。当传动液从进排液口1流入控制阀时，液体对阀芯的作用力克服弹簧预紧力推动滑阀右移，使控制阀右边的油路A接通，如图4-86a所示。

如果在进排液口1和2处都施加相同压力的传动液压力时，如图4-86b所示，此时滑阀两端的液体压力相等，在弹簧预紧力的作用下，滑阀就会向左移动，使控制阀左边的油路B接通，从而实现油路转换。

（4）温控阀

温控阀是根据变速器油温的变化而开启和关闭的，从而对油液液面高度进行调节，如图

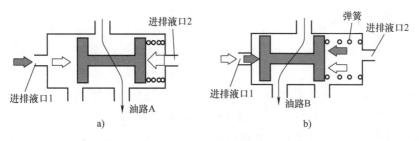

图 4-86 改进型液压控制阀的结构原理

4-87 所示。当变速器油温度低时，温控阀就会打开，变速器阀体侧的油可流入到油泵侧，此时油液位置较高（相对于检查油液液位的检查孔来说）。当变速器油液温度逐渐升高后，温控阀上的双金属片受热膨胀弯曲，将温控阀上阀片逐渐关闭，此时变速器阀体侧的油可流入到油泵侧流量逐渐减少，此时油液位置较低。当阀体侧的油位过高时，就可以不经过温控阀阀片而直接流入到油泵侧。

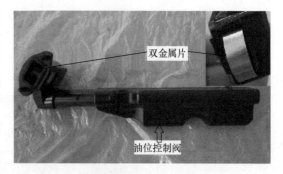

图 4-87 GF6 温控阀

利用温控阀的目的是，当变速器油液温度较低时，为了能很好地润滑变速器内部的齿轮组，需要较高的液位。变速器油液温度上升，一种原因是变速器的一些部件的润滑是属于压力润滑，此时可以完全满足润滑需求；另一种原因是油液的热胀冷缩现象使油液升高。如果此时行星齿轮箱侧油位过高，在旋转齿轮的搅拌作用下极容易导致油液起气泡，这样对于液压系统是不利的。

如图 4-88 所示，该变速器在冷车检查油位时，油位会相对过高。在热车检查油位时，其液位会相对偏低。因此，变速器油液高度必须在厂家给的特定温度下进行检查，否则检查的结果是不正确的。GF6 要求的液位检查油液温度为 85～95℃。

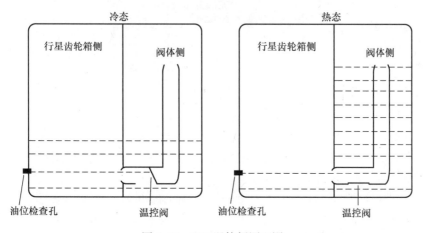

图 4-88 GF6 温控阀原理图

4. GF6 各种阀的应用

（1）压力调节阀

GF6 的主油压调节是由 TCM 通过脉宽方式控制管路压力电磁阀，从而实现油压高低的调节，如图 4-89 所示。TCM 依据档位开关信号、当前档位状态等信息来决定当时的管路油压的大小。管路油压是操纵换档离合器、制动器以及液压控制装置的动力源。如果主调压阀异常，就会导致管路油压不稳定。管路油压过高会导致换档产生冲击现象和发动机功率损失；管路油压过低会导致离合器、制动器打滑磨损或烧伤而缩短变速器使用寿命。

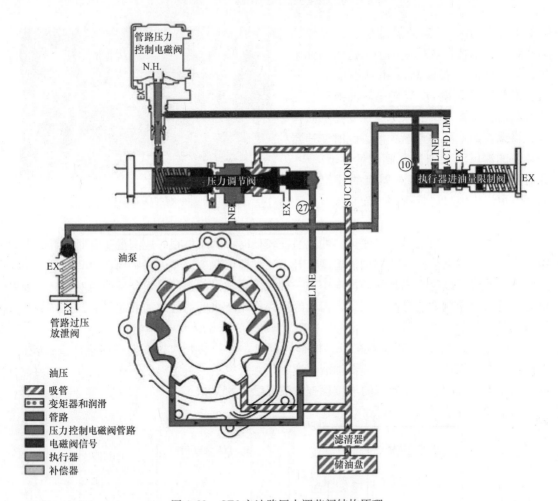

图 4-89　GF6 主油路压力调节阀结构原理

机油泵由发动机的运转而驱动，向主油路提供主油压。

主油路油压经过执行器进油量限值阀的调压，保证使其输出的电磁阀信号油压始终稳定在一定小范围内。

经调制后的信号油压通过管路压力电磁阀（该电磁阀为常高型电磁阀）的脉宽调制，其工作电流越小，输出的油压越高，工作电流越大，输出的油压越低。电磁阀工作电流的大小取决于档位开关信号、当前档位状态等信息。

主调压阀的阀芯左侧承受弹簧弹力和管路压力电磁阀调制的油压，这两个作用力驱使阀芯向右移动。机油泵输出的主油路油压同时也作用在压力调节阀阀芯的右侧,对阀芯有向左推动的力。阀芯右侧的承受面积小于阀芯最左侧的承受面积。如果阀芯左侧的电磁阀调制油压产生的作用力与弹簧弹力大于阀芯右侧油压产生向左的作用力,阀芯将向右移动。此时,调压阀中间的主油路油压通往油泵泄压口的通道将变小,此时主油路油压升高。当主油路油压增长到一定值时,其对调压阀的阀芯向左的推力也在增加,而阀芯左侧的油压和弹簧弹力没有发生变化,阀芯会向左移动,使得调压阀中间的主油路油压通往油泵的泄压口的通道变大,此时油压不再继续上升,维持一定值。

反过来,如果阀芯左侧的电磁阀调制油压产生的作用力与弹簧弹力小于阀芯右侧油压产生向左的作用力,阀芯将向左移动。此时,调压阀中间的主油路油压通往油泵的泄压口的通道将变大,此时主油路油压降低。当主油路油压降低到一定值时,其对调压阀的阀芯向左的推力也在减小,而阀芯左侧的油压和弹簧弹力没有发生变化,阀芯会向右移动,使得调压阀中间的主油路油压通往油泵的泄压口的通道变小,此时油压不再继续下降,维持一定值。

通过以上可以看出,主油路油压的高低取决于油压调节阀左侧的电磁阀调制压力,其调制压力高,主油路油压就高;其调制压力低,主油路油压就低。如果管路压力电磁阀不工作,其调制出的油压最高,作用在调压阀阀芯左侧的调制油压最高,最高油压大约在2600kPa。

(2) 1-2-3-4档离合器调节阀

当TCM需要离合器C1-2-3-4工作时,主油路经过执行器进油限值阀调节后的信号油压供给压力控制电磁阀5,TCM控制电磁阀5工作,其调制后的油压加在1-2-3-4档离合器调节阀的最左侧,此油压克服阀右侧弹簧弹力使阀芯右移,如图4-90所示。此时主油路经过手动阀的控制向1-2-3-4档离合器调节阀供给主油压,经过1-2-3-4档离合器调节阀的控制,使主油路与C1-2-3-4活塞油路相通,C1-2-3-4活塞充油加压,推动C1-2-3-4离合器片压紧使其工作。

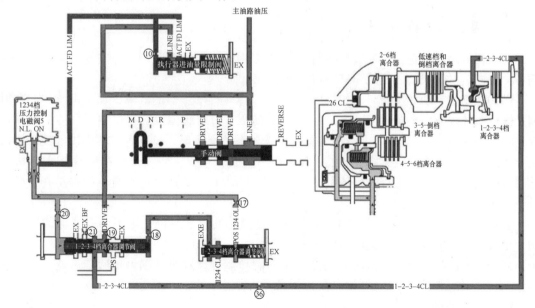

图4-90 GF6 1-2-3-4档离合器调节阀

当 TCM 不需要离合器 C1 – 2 – 3 – 4 工作时，TCM 停止控制电磁阀 5 工作，其不再向 1 – 2 – 3 – 4 档离合器调节阀的最左侧提供油压，1 – 2 – 3 – 4 档离合器调节阀在弹簧弹力的作用下向左移动。此时，1 – 2 – 3 – 4 档离合器调节阀切断主油路向 C1 – 2 – 3 – 4 活塞油路，C1 – 2 – 3 – 4 活塞油路通过 1234 档离合器调节阀与泄压口相通。C1 – 2 – 3 – 4 离合器停止工作，如图 4-91 所示。

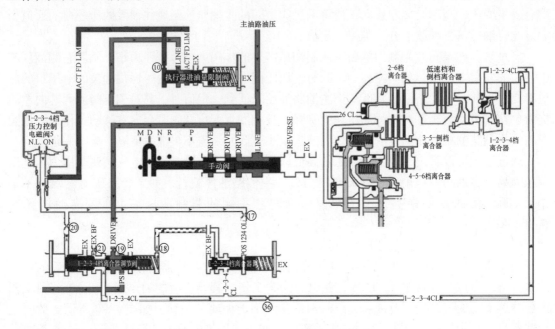

图 4-91　GF6 1 – 2 – 3 – 4 档离合器调节阀

其他换档阀工作原理相似，在此不再赘述。

三、变速器油路图

变速器油路图，是自动变速器油路的流向控制图，如图 4-92 所示。它详细描述了油路的各个走向，对于我们分析故障有一定帮助。

例如在维修自动变速器时，如果出现 1、2、3、4 档不工作的故障，那么可能的一个原因是液压阀体没有向离合器 C1 – 2 – 3 – 4 提供油压。液压阀体没有提供油压可能的故障原因是 1 – 2 – 3 – 4 离合器阀芯卡滞在最左侧，或者手动阀出现故障没有向其提供油液、或者是电磁阀 5 没有工作或电磁阀控制油液泄压而不能推动 1 – 2 – 3 – 4 离合器阀芯卡向右移动。此时可以借助维修手册，查找阀体上具体 1 – 2 – 3 – 4 离合器阀芯的位置，检查是否卡滞来进一步确定故障原因。

查找油路图时，读图的方法与线路图的方法基本相同。可以从电源 – 变速器的油泵开始，也可以从用电设备 – 自动变速器的离合器或制动器开始，顺序查找即可。如图 4-92 所示，遇到有电磁阀控制的机械阀芯油路（电磁阀控制油路相当于继电器线圈电路，执行器油路相当于继电器触点电路），就是从执行器开始查看。

1. P 位油路图

当变速杆挂驻车档位置时，油从变速器油滤清器总成吸入到泵中，如图 4-93 所示。然

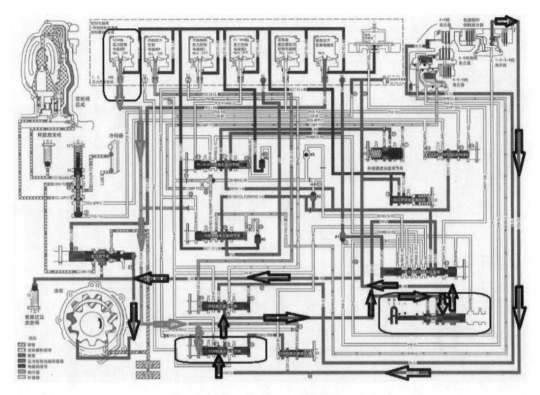

图 4-92　变速器 1 档油路图

后，管路压力被送至以下阀中：

（1）输送油压以准备换档

1）手动阀。由变速杆进行机械控制，手动阀处于驻车档位置时，可阻止管路压力从压力调节阀输送到倒档和前进档油路。

2）执行器进油量限制阀。管路压力通过此阀，调节至执行器供油限制油路。执行器进油量限制油液从#10 节流孔流至压差区域，以克服执行器进油量限制阀的弹簧压力移动阀门。执行器进油量限制油液流入压力控制电磁阀、换档电磁阀以及#5 和#6 单向球阀。

3）补偿器进油量调节阀。管路压力通过此阀，调节至补偿器供油油路。补偿器进油压力通过#30 节流孔传递至 3 - 5 - 倒档离合器调节阀，并对 3 - 5 - 倒档档离合器和 4 - 5 - 6 档离合器活塞挡板区域进行加注。

4）3 - 5 - 倒档离合器调节阀。3 - 5 - 倒档离合器进油/补偿器进油油液通过此阀，进入 3 - 5 - 倒档离合器油路。3 - 5 - 倒档离合器油通过#6 节流孔以辅助弹簧压力，从而使阀门保持打开状态。3 - 5 - 倒档离合器油流入 3 - 5 - 倒档离合器，并通过#33 节流孔流入#6 单向球阀。

5）3 - 5 - 倒档离合器总成。3 - 5 - 倒档离合器油流入 3 - 5 - 倒档离合器活塞的接合孔内，以准备换至倒档。然而，在驻车档位置，3 - 5 - 倒档离合器压力被限制为补偿器进油压力的 9lbf/in² （1lbf/in² = 6894.76Pa） 内，且不足以接合离合器。

6）变矩器离合器调节接合阀。换档电磁阀的油液流入变矩器离合器调节接合阀，克服

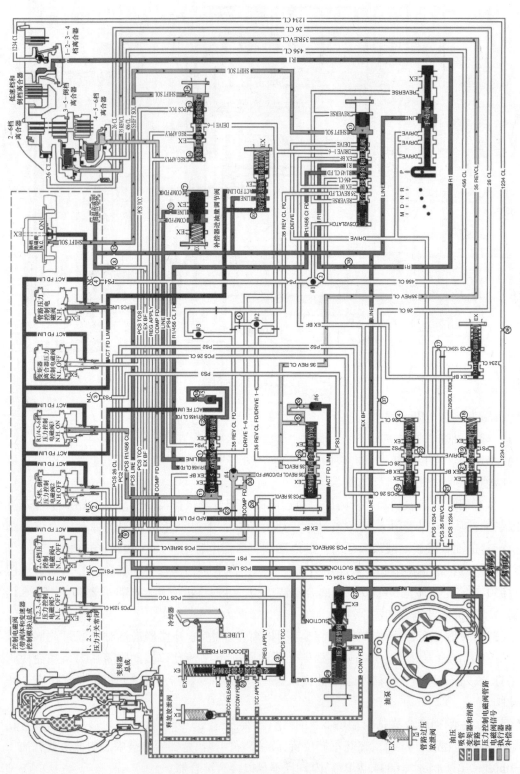

图 4-93 P 位油路图

变矩器离合器调节接合阀的弹簧力以移动阀门。

（2）低速档和倒档离合器接合

1）R1/4－5－6 档压力控制（PC）电磁阀 3。R1/4－5－6 档压力控制电磁阀通电（ON），以允许执行器进油量限制油液进入压力控制电磁阀 R1/4－5－6 离合器油路。然后，压力控制电磁阀 R1/4－5－6 档离合器油通过#11 节流孔流至 R1/4－5－6 档离合器调节阀。

2）R1/4－5－6 档离合器调节阀。R1/4－5－6 档离合器调节阀上的压力控制电磁阀 R1/4－5－6 档离合器油克服 R1/4－5－6 档离合器调节阀的弹簧力和 R1/4－5－6 档离合器的供油压力，以调节传递至 R1/4－5－6 档离合器供油油路上的管路压力。R1/4－5－6 档离合器供油油液流入离合器选择阀，并通过#34 节流孔流入#5 单向球阀。

3）换档电磁阀。换档电磁阀通电（ON），以允许执行器进油量限制油液进入换档电磁阀油路。换档电磁阀油液通过#13 节流孔流入离合器选择阀，通过#14 节流孔流入变矩器离合器调节接合阀。

4）离合器选择阀。换档电磁阀油液流入离合器选择阀，并克服离合器选择阀弹簧力移动阀门。从而允许 R1/4－5－6 档离合器供油油液通过阀门进入 R1 油路。然后，在准备换档至 L（低速）档或倒档时，R1 油液通过#38 节流孔流入低速档和倒档离合器总成。

5）低速档和倒档离合器。R1/4－5－6 油液进入变速器壳体总成，并克服弹簧力移动低速档和倒档离合器活塞以接合低速档和倒档离合器片。挂驻车档时，L（低速）档和倒档不受影响。然而，当挂倒档或前进档时，仅一个接合装置通电有助于平稳起动。

6）#5 单向球阀。R1/4－5－6 档离合器供油油液顶开#5 单向球阀，从而使过多的压力进入执行器进油量限制油路。这有助于控制离合器接合油液压力和离合器接合的感觉。

2. R 位油路图

当变速杆从驻车档位置移到倒档位置时，指令常高 3－5－倒档压力控制电磁阀 2 通电，如图 4-94 所示，变速器液压和电气系统将发生以下变化：

3－5－倒档离合器接合：

1）手动阀。手动阀在倒档位置时，管路压力被输送到倒档油液回路和离合器选择阀。

2）离合器选择阀。倒档油液流入默认的超控双向阀的压差区域，并辅助驻车档位置上阀门中的换档电磁阀油液，以克服离合器选择阀弹簧力固定离合器选择阀。倒档油液通过离合器选择阀进入 3－5－倒档离合器供油油路和#2 单向球阀。R1/4－5－6 档离合器供油油液从驻车档位置的阀门中，通过阀门持续流入 R1 油路以接合低速档和倒档离合器。

3）#2 单向球阀。3－5－倒档油液通过#5 节流孔，使#2 单向球阀顶住前进档 1－6 档油道，并进入 3－5－倒档/前进档 1－6 档油路。3－5－倒档/前进档 1－6 档油液通过#25 节流孔流入 3－5 档倒档离合器调节阀。

4）3－5－倒档压力控制（PC）电磁阀 2。3－5－倒档压力控制电磁阀 2 通电（ON），以允许执行器进油量限制油液进入压力控制电磁阀 3－5－倒档离合器油路。然后，压力控制电磁阀 3－5－倒档离合器油通过#26 节流孔，流入 3－5－倒档离合器调节阀。

5）3－5－倒档离合器调节阀。3－5－倒档离合器调节阀上的压力控制电磁阀 3－5－倒档离合器油克服 3－5－倒档离合器调节阀的弹簧力和节流的 3－5－倒档离合器反馈油液压

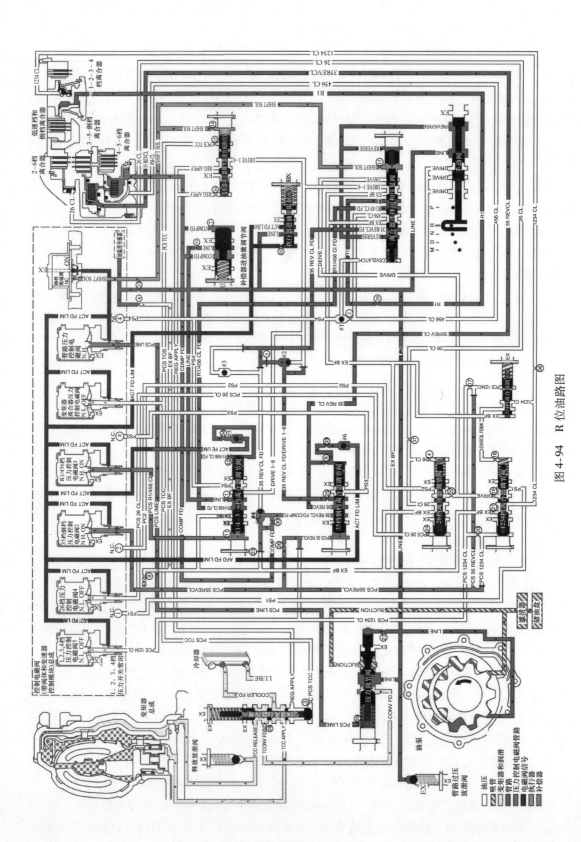

图 4-94 R 位油路图

力，以调节传递至 3 - 5 - 倒档离合器油路的 3 - 5 - 倒档离合器供油/前进档 1 - 6 档压力。然后，3 - 5 - 倒档离合器油流入 3 - 5 - 倒档离合器，并通过#33 节流孔流入#6 单向球阀。

6）3 - 5 - 倒档离合器。3 - 5 - 倒档离合器油流入 3 - 5 - 倒档和 4 - 5 - 6 档离合器壳体总成，以克服弹簧力移动 3 - 5 - 倒档离合器活塞，并克服补偿器供油压力以接合 3 - 5 - 倒档离合器片。

7）#6 单向球阀。3 - 5 - 倒档离合器供油油液顶开#6 号单向球阀，从而使过多的压力进入执行器进油量限制油路。这有助于控制离合器接合油液压力和离合器接合的感觉。

3. N 位油路图

当变速杆移到空档位置时，液压和电气系统操作与挂驻车档时相同。但是，如果车辆是在挂倒档运行后选择空档，常高 3 - 5 档倒档压力控制电磁阀 2 将被指令断电，如图 4-95 所示，液压系统将会发生以下变化：

3 - 5 - 倒档离合器分离：

1）手动阀。手动阀移到空档位置，以阻止管路压力施加到倒档油路。来自 3 - 5 - 倒档离合器调节阀和离合器选择阀的倒档油液，与手动阀中的排油通道连通。

2）3 - 5 - 倒档压力控制电磁阀 2。指令 3 - 5 - 倒档压力控制电磁阀 2 断电时，允许来自 3 - 5 - 倒档离合器调节阀的压力控制电磁阀 3 - 5 - 倒档离合器油排出。

3）3 - 5 - 倒档离合器调节阀。压力控制电磁阀 3 - 5 - 倒档离合器油液排出，从而允许 3 - 5 - 倒档离合器调节阀弹簧力将 3 - 5 - 倒档离合器调节阀移动至分离位置。这将允许 3 - 5 - 倒档离合器油压力排入补偿器供油油路，以辅助 3 - 5 - 倒档离合器活塞弹簧快速分离 3 - 5 - 倒档离合器。

4）3 - 5 - 倒档离合器。在补偿器供油压力的帮助下，3 - 5 - 倒档离合器的弹簧力移动 3 - 5 - 倒档离合器活塞，以分离 3 - 5 - 倒档离合器片，并强制 3 - 5 - 倒档离合器油从 3 - 5 - 倒档和 4 - 5 - 6 档离合器壳体总成中排出。从 3 - 5 - 倒档离合器排出的油液压力流入 3 - 5 - 倒档离合器调节阀，并从此处进入 3 - 5 - 倒档离合器供油/补偿器供油油路。

5）离合器选择阀。当倒档油液从默认的超控双向阀排出时，换档电磁阀油液持续流入以克服离合器选择阀弹簧力固定离合器选择阀，从而允许 3 - 5 - 倒档离合器供油油液流入倒档油路。

4. M1 位油路图

当变速杆从空档位置移到前进档档位时，变速器将提供发动机制动，如图 4-96 所示。在此工作档位内，指令常低 1 - 2 - 3 - 4 档压力控制电磁阀 5 通电，在发动机制动模式下，液压系统将发生以下变化：

（1）1 - 2 - 3 - 4 档离合器接合

1）手动阀。手动阀移动至前进档档位，以允许管路油液压力进入前进档油路。然后，前进档油液流入离合器选择阀，并通过#19 节流孔流入 1 - 2 - 3 - 4 档离合器调节阀，以及通过#22 节流孔流入 2 - 6 档离合器调节阀。

2）1 - 2 - 3 - 4 压力控制（PC）电磁阀 5。1 - 2 - 3 - 4 档压力控制电磁阀 5 指令通电（ON），以允许执行器进油量限制油液进入压力控制电磁阀 1 - 2 - 3 - 4 档离合器油路。压力

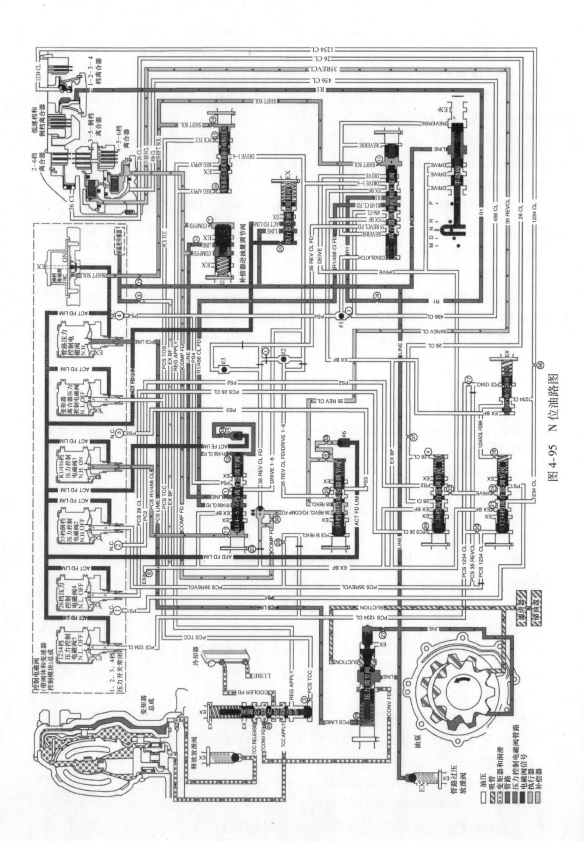

图 4-95　N 位油路图

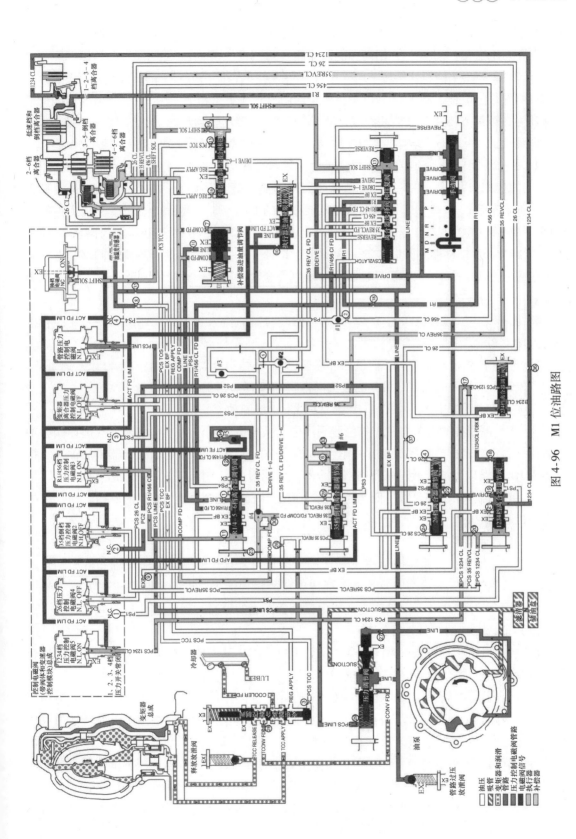

图 4-96　M1 位油路图

控制电磁阀 1 – 2 – 3 – 4 档离合器油通过#20 节流孔流入 1 – 2 – 3 – 4 档离合器调节阀，并通过#17 节流孔流入 1 – 2 – 3 – 4 档离合器助力阀。

3）1 – 2 – 3 – 4 档离合器调节阀。1 – 2 – 3 – 4 档离合器调节阀上的压力控制电磁阀 1 – 2 – 3 – 4 档离合器油克服 1 – 2 – 3 – 4 档离合器调节阀弹簧力和 1 – 2 – 3 – 4 档离合器的反馈油液压力，以调节传递前进档油液压力至 1 – 2 – 3 – 4 档离合器油路。然后，1 – 2 – 3 – 4 档离合器油流入 1 – 2 – 3 – 4 档离合器助力阀，并通过#36 节流孔流入 1 – 2 – 3 – 4 档离合器。

4）1 – 2 – 3 – 4 档离合器助力阀。压力控制电磁阀 1 – 2 – 3 – 4 档离合器油压力作用在一个压差区域，以克服 1 – 2 – 3 – 4 档离合器助力阀弹簧力移动 1 – 2 – 3 – 4 档离合器助力阀，从而调节流入 1 – 2 – 3 – 4 档离合器反馈油路的 1 – 2 – 3 – 4 档离合器油。当压力控制电磁阀 1 – 2 – 3 – 4 档离合器油压力增加到给定值时，1 – 2 – 3 – 4 档离合器助力阀将 1 – 2 – 3 – 4 档离合器反馈油路打开以排油。这将导致 1 – 2 – 3 – 4 档倒档离合器调节阀移动至完全供油位置，并将 1 – 2 – 3 – 4 档离合器供油压力（全管路压力）完全传递至 1 – 2 – 3 – 4 档离合器。

5）1 – 2 – 3 – 4 档离合器。1 – 2 – 3 – 4 档离合器油流入变速器壳体总成，并克服弹簧弹力移动 1 – 2 – 3 – 4 档离合器活塞，以接合 1 – 2 – 3 – 4 档离合器片。

6）2 – 6 档离合器调节阀。前进档油液通过 2 – 6 档离合器调节阀流入压力开关 2 油路。

7）#2 压力开关。压力开关 2 油液流向常闭的#2 压力开关，并打开此开关。

（2）低速档和倒档离合器保持接合以提供发动机制动

1）离合器选择阀。来自驻车档位置阀门中的换档电磁阀油液，克服离合器选择阀弹簧力以持续固定离合器选择阀。来自驻车档位置阀门中的 R1/4 – 5 – 6 档离合器供油油液，持续流入 R1 油路以供油至低速档和倒档离合器。此阀门中前进档油液为换档做准备。

2）低速档和倒档离合器。低速档和倒档离合器保持接合直至 1 – 2 档换档之前，以提供发动机制动。

5. D1 档油路图

随着车速增加，变速器控制模块（TCM）接收到来自自动变速器输入轴和输出轴转速传感器、节气门位置传感器以及其他车辆传感器的输入信号，以确定断电或"关闭"换档电磁阀和指令常高 R1/4 – 5 – 6 压力控制电磁阀 3 断电的精确时刻，如图 4-97 所示。

（1）低速档和倒档离合器分离

1）换档电磁阀。换档电磁阀指令"OFF（断电）"，从而使换档电磁阀油液压力从离合器电磁阀和变矩器离合器调节器接合阀中排出。

2）离合器选择阀。换档电磁阀油液从离合器选择阀排出，离合器选择阀弹簧力将阀门移动至分离位置。这将使 R1 油液压力通过此阀进入其排出的排油回填油路。前进档油液从手动阀通过离合器选择阀流入前进档 1 – 6 档油路。前进档 1 – 6 档油液流入 R1/4 – 5 – 6 档离合器调节阀、3 – 5 – 倒档离合器调节阀和变矩器离合器调节阀。低速档和倒档离合器。低速档和倒档离合器弹簧力移动低速档和倒档离合器活塞，以分离低速档和倒档离合器片，并强制 R1 油液从壳体总成中排出。排出的 R1 油液流入离合器选择阀，并在此进入排油回填油路。

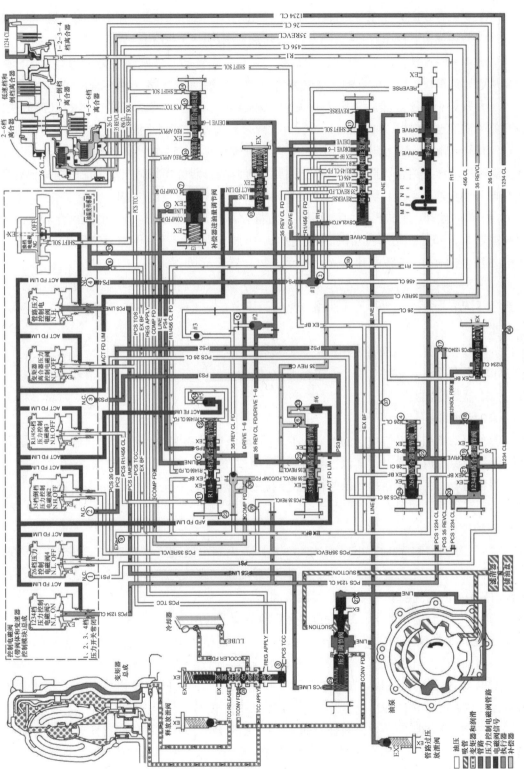

图 4-97 D1 档油路图

（2）输送油压以准备换档

1）R1/4-5-6 压力控制（PC）电磁阀3。R1/4-5-6 档压力控制电磁阀3指令断电，从而允许压力控制电磁阀R1/4-5-6 档离合器油从 R1/4-5-6 档离合器调节阀中排出。

2）R1/4-5-6 档离合器调节阀。R1/4-5-6 档离合器调节阀弹簧力将阀移动至分离位置，从而允许 R1/4-5-6 档离合器供油油液进入排油回填油路，并使前进档1-6 档油液流入压力开关4油路。然后，压力开关4油液流入常闭的#4 压力开关，并打开此开关。压力开关4油液也流向#1 单向球阀，然后流入离合器选择阀2 锁止油路。

3）#1 单向球阀。压力开关4油压使#1 单向球阀背对4-5-6 档离合器油路。然后，压力开关4油液被导入离合器选择阀2 锁止油路并流向离合器选择阀。在六个前进档位，离合器选择阀2 锁止油路与离合器选择阀弹簧力相结合，使阀保持在此位置。

4）#2 单向球阀。前进档1-6 档油液压力将#2 单向球阀顶住3-5-倒档离合器供油油道，并被导入3-5-倒档离合器供油/前进档1-6 档油路。3-5-倒档离合器供油/前进档1-6 档油液流通过#25 节流孔流入3-5-倒档离合器调节阀。

5）3-5-倒档离合器调节阀。3-5-倒档离合器供油/前进档1-6 档油液通过3-5-倒档离合器调节阀流入压力开关3油路。然后，压力开关3油液将流向常闭的#3 压力开关，并打开此开关。

（3）输送油液压力以准备变矩器离合器接合

变矩器离合器调节器接合阀。前进档1-6 档油液流向变矩器离合器调节器接合阀以准备接合变矩器离合器。

6. D2 档油路图

随着车速的增加和工作状况的改善，TCM 处理来自自动变速器输入轴和输出轴转速传感器、节气门位置传感器以及其他车辆传感器的输入信号，以确定指令常低2-6 档压力控制电磁阀4通电和将变速器挂2 档的精确时刻。手动阀保持在前进档位置，且管路压力持续向前进档油路供油，如图4-98 所示。

2-6 档离合器接合：

1）2-6 压力控制（PC）电磁阀4。2-6 压力控制电磁阀4指令通电，以允许执行器进油量限制油液进入压力控制电磁阀2-6 离合器油路。然后，压力控制电磁阀2-6 档离合器油经由#24 节流孔流至2-6 档离合器调节阀。

2）2-6 档离合器调节阀。2-6 档离合器调节阀上的压力控制电磁阀2-6 档离合器油克服2-6 档离合器调节阀弹簧力和节流的2-6 档离合器油压力，以调节传递至2-6 档离合器油路的前进档油液压力。然后，2-6 档离合器油通过#37 节流孔流向变速器壳体内的2-6 档离合器总成，并通过#4 节流孔流向2-6 档离合器调节阀的弹簧端。2-6 档离合器调节阀在此位置时，允许排出压力开关2的油液，并关闭常闭压力开关2。

3）2-6 档离合器。2-6 档离合器油从2-6 档离合器调节阀通过变速器壳体流向2-6 档离合器活塞总成。2-6 档离合器油压力克服2-6 档离合器弹簧力移动活塞，以接合2-6 档离合器片。

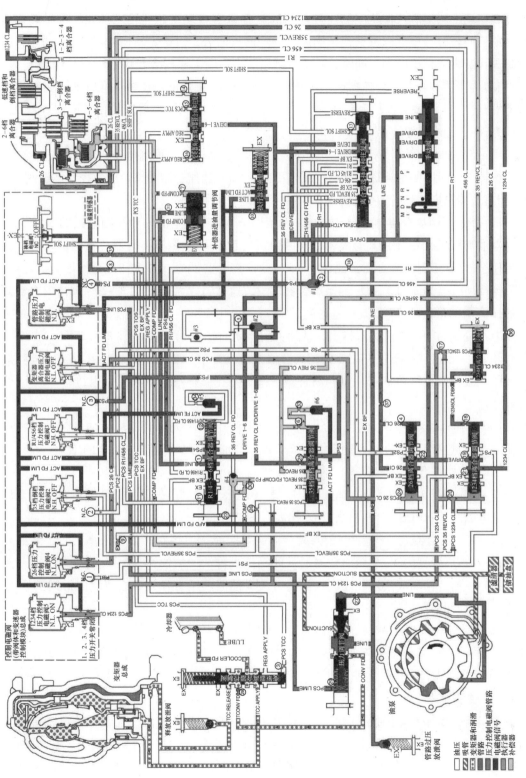

图 4-98　D2 档油路图

7. D3 档油路图

随着车速的增加和工作状况的改善，TCM 处理来自自动变速器输入轴和输出轴转速传感器、节气门位置传感器以及其他车辆传感器的输入信号，以确定指令常低 2－6 档压力控制电磁阀 4 断电的精确时刻。同时，3－5－倒档压力控制电磁阀 2 指令通电，从而调节 3－5－倒档离合器的接合并将变速器换至 3 档。手动阀保持在前进档位置，且管路压力持续向前进档油路供油，如图 4-99 所示。

（1）3－5－倒档离合器接合。

1）3－5－倒档压力控制（PC）电磁阀 2。3－5－倒档压力控制电磁阀 2 指令通电，以允许执行器进油量限制油液进入压力控制电磁阀 3－5－档离合器油路。压力控制电磁阀 3－5－倒档离合器油通过#26 节流孔流入 3－5－倒档离合器调节阀。

2）3－5－倒档离合器调节阀。3－5－倒档离合器调节阀上的压力控制电磁阀 3－5－倒档离合器油克服 3－5－倒档离合器调节阀的弹簧力和 3－5－倒档离合器反馈油液压力，以调节传递至 3－5－倒档离合器油路的 3－5－倒档离合器供油/前进档 1－6 档压力。然后，3－5－倒档离合器油流向 3－5－倒档离合器总成，通过#6 节流孔流向 3－5－倒档离合器调节阀的弹簧端，并通过#33 节流孔流向#6 单向球阀。当 3－5－倒档离合器调节阀在此位置时，压力开关 3 的油液通过此阀排出，从而关闭常闭的#3 压力开关。

3）3－5－倒档离合器。3－5－倒档离合器油流入 3－5－倒档和 4－5－6 档离合器壳体总成，以克服弹簧力移动 3－5－倒档离合器活塞，并克服补偿器供油压力以接合 3－5－倒档离合器片。

4）#6 单向球阀。3－5－倒档离合器供油油液顶开#6 单向球阀，从而使过多的压力进入执行器进油量限制油路。这有助于控制离合器接合油液压力和离合器接合的感觉。

（2）2－6 档离合器分离。

1）2－6－档压力控制（PC）电磁阀 4。2－6 档压力控制电磁阀 4 指令断电，从而允许压力控制电磁阀 2－6 档离合器油从 2－6 档离合器调节阀中排出。

2）2－6 档离合器调节阀。2－6 档离合器调节阀弹簧力将阀移动至分离位置，从而允许来自 2－6 档离合器的 2－6 档离合器油从此阀流入排油回填油路。2－6 档离合器调节阀在此位置时，前进档油液通过此阀流入压力开关 2 油路。压力开关 2 油液流向常闭的#2 压力开关，并打开此开关。

3）2－6 档离合器。2－6 档离合器弹簧力移动 2－6 档离合器活塞，以分离 2－6 档离合器片并强制 2－6 档离合器油从变速器壳体总成中排出。排出的 2－6 档离合器油压力传递至 2－6 档离合器调节阀，并在此进入排油回填油路。

8. D4 档油路图

随着车速的增加和工作状况的改善，TCM 处理来自自动变速器输入轴和输出轴转速传感器、节气门位置传感器以及其他车辆传感器的输入信号，以确定指令常高 3－5－倒档压力控制电磁阀 2 断电的精确时刻。同时，指令常低 R1/4－5－6 档压力控制电磁阀 3 通电，以调节 4－5－6 档离合器的接合并将变速器换至 4 档，如图 4-100 所示。

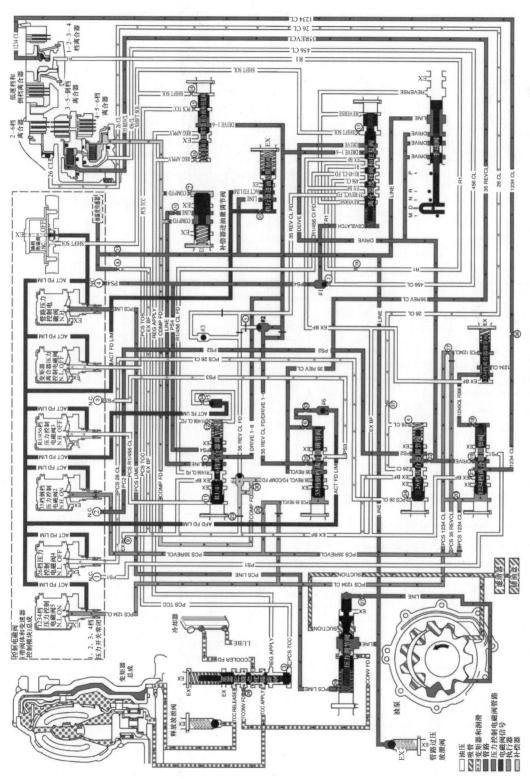

图 4-99 D3 档油路图

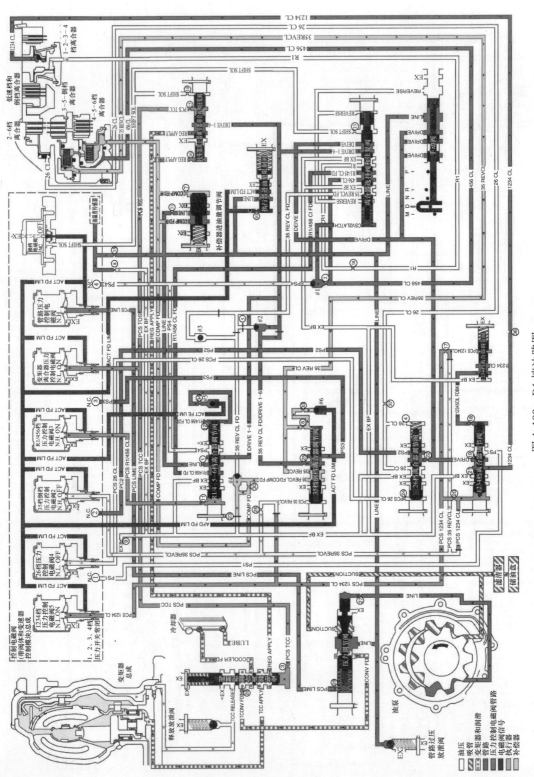

图 4-100　D4 档油路图

（1）4-5-6 档离合器接合

1）R1/4-5-6 档压力控制（PC）电磁阀 3。R1/4-5-6 档压力控制电磁阀 3 指令通电，以允许执行器进油量限制油液进入压力控制电磁阀 R1/4-5-6 档离合器油路。压力控制电磁阀 R1/4-5-6 档离合器油通过#11 节流孔流向 R1/4-5-6 档离合器调节阀。

2）R1/4-5-6 档离合器调节阀。R1/4-5-6 档离合器调节阀上的压力控制电磁阀 R1/4-5-6 档离合器油克服 R1/4-5-6 档离合器调节阀弹簧力和节流的 R1/4-5-6 档离合器供油压力，以调节传递至 R1/4-5-6 档离合器供油油路上的管路压力。然后，R1/4-5-6 档离合器供油油液流向离合器选择阀，通过#12 节流孔流向 R1/4-5-6 档离合器调节阀的弹簧端，并通过#34 节流孔流向#5 单向球阀。R1/4-5-6 档离合器调节阀处于此位置时，压力开关 4 油液通过此阀排出，从而允许常闭的#4 压力开关关闭。

3）离合器选择阀。R1/4-5-6 档离合器供油油液通过离合器选择阀流入 4-5-6 档离合器油路。4-5-6 档离合器油流入 4-5-6 档离合器总成，并通过#2 节流孔流向#1 单向球阀。

4）#1 单向球阀。节流的 4-5-6 档离合器油压力使#1 单向球阀顶住压力开关 4 排油油道。然后，4-5-6 档离合器油被导入离合器选择阀 2 锁止油路，以更换压力开关 4 的排油压力，再流向离合器选择阀。在六个前进档位，离合器选择阀 2 锁止油路与离合器选择阀弹簧力相结合，使阀保持在此位置。

5）4-5-6 档离合器。4-5-6 档离合器油流入 3-5-倒档和 4-5-6 档离合器壳体总成，以克服弹簧力移动 4-5-6 档离合器活塞，并克服补偿器供油压力以接合 4-5-6 档离合器片。

#5 单向球阀。R1/4-5-6 档离合器供油油液顶开#5 单向球阀，从而使过多的压力进入执行器进油量限制油路。这有助于控制离合器接合油液压力和离合器接合的感觉。

（2）3-5-倒档离合器分离

1）3-5-倒档压力控制（PC）电磁阀 2。指令 3-5-倒档压力控制电磁阀 2 断电时，允许来自 3-5-倒档离合器调节阀的压力控制电磁阀 3-5-倒档离合器油排出。

2）3-5-倒档离合器调节阀。压力控制电磁阀 3-5-倒档离合器油液排出，从而允许 3-5-倒档离合器调节阀弹簧力将 3-5-倒档离合器调节阀移动至分离位置。这将允许 3-5-倒档离合器油压力排入补偿器供油油路，以辅助 3-5-倒档离合器活塞弹簧快速分离 3-5-倒档离合器。3-5-倒档离合器调节阀处于此位置时，通过节流孔（#25）的 3-5-倒档离合器供油/前进档 1-6 档油液经过此阀体流入压力开关 3 油路。压力开关 3 油液流向常闭的#3 压力开关，并打开此开关。

3）3-5-倒档离合器。在补偿器供油压力的帮助下，3-5-倒档离合器的弹簧力移动 3-5-倒档离合器活塞，以分离 3-5-倒档离合器片，并强制 3-5-倒档离合器油从 3-5-倒档和 4-5-6 档离合器壳体总成中排出。从 3-5-倒档离合器排出的油液压力流入 3-5-倒档离合器调节阀，并从此处进入 3-5-倒档离合器供油/补偿器供油油路。

（3）变矩器离合器（TCC）的接合

1）TCC 压力控制（PC）电磁阀。变矩器离合器压力控制电磁阀指令通电，以允许执行器进油量限制油液进入压力控制电磁阀变矩器离合器油路。压力控制电磁阀变矩器离合器油通过#15 节流孔流向变矩器离合器调节器接合阀，并通过#3 节流孔流向变矩器离合器控制阀。

2）变矩器离合器调节器接合阀。变矩器离合器调节器接合阀上的压力控制电磁阀变矩器离合器油，克服变矩器离合器调节器接合阀弹簧力和节流的调节接合油液压力，以调节传递至调节接合油路的前进档 1 – 6 档油液。调节接合油液流向变矩器离合器控制阀，并通过#16 节流孔流向变矩器离合器调节器接合阀的弹簧端。

3）变矩器离合器控制阀。压力控制电磁阀变矩器离合器油克服变矩器离合器控制阀弹簧力移动变矩器离合器控制阀，从而允许调节接合油液通过此阀流入变矩器离合器接合油路，并接合变矩器离合器。变矩器供油油液通过#28 节流孔流向变矩器离合器控制阀，以更换变矩器离合器接合油，从而向冷却器供油油路供油。变矩器离合器分离油液通过变矩器离合器控制阀并排出。

9. D5 位油路图

随着车速的增加和工作状况的改善，TCM 处理来自自动变速器输入轴和输出轴转速传感器、节气门位置传感器以及其他车辆传感器的输入信号，以确定指令常高 3 – 5 – 倒档压力控制电磁阀 2 通电的精确时刻。同时，指令常低 1 – 2 – 3 – 4 档压力控制电磁阀 5 断电，并将变速器换至 5 档，如图 4-101 所示。

（1）3 – 5 – 倒档离合器接合

1）3 – 5 – 倒档压力控制（PC）电磁阀 2。3 – 5 – 倒档压力控制电磁阀 2 指令通电，以允许执行器进油量限制油液进入压力控制电磁阀 3 – 5 – 倒档离合器油路。压力控制电磁阀 3 – 5 – 倒档离合器油通过#26 节流孔流入 3 – 5 – 倒档离合器调节阀。

2）3 – 5 – 倒档离合器调节阀。3 – 5 – 倒档离合器调节阀上的压力控制电磁阀 3 – 5 – 倒档离合器油克服 3 – 5 – 倒档离合器调节阀的弹簧力和 3 – 5 – 倒档离合器反馈油液压力，以调节传递至 3 – 5 – 倒档离合器油路的 3 – 5 – 倒档离合器供油/前进档 1 – 6 档压力。然后，3 – 5 – 倒档离合器油流向 3 – 5 – 倒档离合器总成，通过#6 节流孔流向 3 – 5 – 倒档离合器调节阀的弹簧端，并通过#33 节流孔流向#6 单向球阀。当 3 – 5 – 倒档离合器调节阀在此位置时，压力开关 3 的油液通过此阀排出，从而关闭常闭的#3 压力开关。3 – 5 – 倒档离合器。3 – 5 – 倒档离合器油流入 3 – 5 – 倒档和 4 – 5 – 6 档离合器壳体总成，以克服弹簧力移动 3 – 5 – 倒档离合器活塞，并克服补偿器供油压力以接合 3 – 5 – 倒档离合器片。

3）#6 单向球阀。3 – 5 – 倒档离合器供油油液顶开#6 号单向球阀，从而使过多的压力进入执行器进油量限制油路。这有助于控制离合器接合油液压力和离合器接合的感觉。

（2）1 – 2 – 3 – 4 档离合器分离

1）1 – 2 – 3 – 4 档压力控制（PC）电磁阀 5。1 – 2 – 3 – 4 档压力控制电磁阀 5 指令断电，从而允许压力控制电磁阀 1 – 2 – 3 – 4 档离合器油从 1 – 2 – 3 – 4 档离合器调节阀和 1 – 2 – 3 – 4 档离合器助力阀排出。

2）1 – 2 – 3 – 4 档离合器调节阀。1 – 2 – 3 – 4 档离合器调节阀弹簧力将阀移动至分离位置，从而允许来自 1 – 2 – 3 – 4 档离合器的 1 – 2 – 3 – 4 档离合器油压力通过此阀传递至排油回填油路。排出的 1 – 2 – 3 – 4 档离合器油压力通过#21 节流孔，以帮助控制 1 – 2 – 3 – 4 档离合器的分离。1 – 2 – 3 – 4 档离合器调节阀在此位置时，前进档油液通过此阀进入压力开关 1 油路。压力开关 1 油液流向#1 压力开关，并打开常闭开关。

3）1 – 2 – 3 – 4 档离合器助力阀。1 – 2 – 3 – 4 档离合器助力阀弹力将 1 – 2 – 3 – 4 档离合器助力阀移动至分离位置，从而允许 1 – 2 – 3 – 4 档离合器反馈油液压力从 1 – 2 – 3 – 4 档

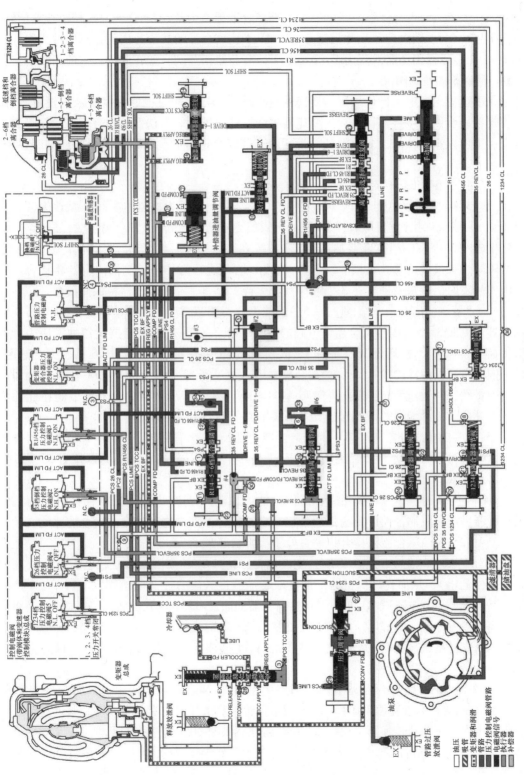

图 4-101 D5 档油路图

127

离合器调节阀排出至1－2－3－4档离合器油路。

4）1－2－3－4档离合器。1－2－3－4档离合器弹簧力移动1－2－3－4档离合器活塞，以分离1－2－3－4档离合器片并强制1－2－3－4档离合器油从变速器壳体总成中排出。排出的1－2－3－4档离合器油流向1－2－3－4档离合器调节阀，并在此进入排油回填油路。

10. 默认5档油路图

如果变速器出现电气部件故障，变速器将默认为5档。所有电磁阀将默认为正常状态。如果变矩器离合器已接合，将分离。变速器将继续挂前进档－默认5档，直至车辆回复到正常状态。也可以选择挂倒档。此默认行为可使车辆安全地行驶到售后服务中心，如图4-102所示。

（1）3－5－倒档离合器已接合或一直处于接合状态

1）3－5－倒档压力控制（PC）电磁阀2。3－5－倒档压力控制电磁阀2默认为常高状态（通电），以允许执行器进油量限制油液进入压力控制电磁阀3－5－倒档离合器油路。压力控制电磁阀3－5－倒档离合器油通过#26节流孔流入3－5－倒档离合器调节阀。当发生电气故障时，如果变速器在1档、2档、4档或6档下运行，3－5－倒档离合器将接合。当发生电气故障时，如果变速器在3档或5档下运行，3－5－倒档离合器将保持接合。

2）3－5－倒档离合器调节阀。3－5－倒档离合器调节阀上的压力控制电磁阀3－5－倒档离合器油克服3－5－倒档离合器调节阀的弹簧力和3－5－倒档离合器反馈油液压力，以调节传递至3－5－倒档离合器油路的3－5－倒档离合器供油/前进档1－6档压力。然后，3－5－倒档离合器油流向3－5－倒档离合器总成，通过#6节流孔流向3－5－倒档离合器调节阀的弹簧端，并通过#33节流孔流向#6单向球阀。当3－5－倒档离合器调节阀在此位置时，压力开关3的油液通过此阀排出，从而关闭常闭的#3压力开关。

3）3－5－倒档离合器。3－5－倒档离合器油流入3－5－倒档和4－5－6档离合器壳体总成，以克服弹簧力移动3－5－倒档离合器活塞，并克服补偿器供油压力以接合3－5－倒档离合器片。

4）#6单向球阀。3－5－倒档离合器供油油液顶开#6号单向球阀，从而使过多的压力进入执行器进油量限制油路。这有助于控制离合器接合油液压力和离合器接合的感觉。

（2）4－5－6档离合器已接合或一直处于接合状态

1）R1/4－5－6档压力控制（PC）电磁阀3。R1/4－5－6档压力控制电磁阀3默认为常高状态（通电），从而允许执行器供油量限制油液进入压力控制电磁阀R1/4－5－6档离合器油路。压力控制电磁阀R1/4－5－6档离合器油通过#11节流孔流向R1/4－5－6档离合器调节阀。当发生电气故障时，如果变速器在1档、2档或3档下运行，4－5－6档离合器将接合。当发生电气故障时，如果变速器在4档、5档或6档下运行，4－5－6档离合器将保持接合。

2）R1/4－5－6档离合器调节阀。R1/4－5－6档离合器调节阀上的压力控制电磁阀R1/4－5－6档离合器油克服R1/4－5－6档离合器调节阀弹簧力和节流的R1/4－5－6档离合器供油压力，以调节传递至R1/4－5－6档离合器供油油路上的管路压力。然后，R1/4－5－6档离合器供油油液流向离合器选择阀，通过#12节流孔流向R1/4－5－6档离合器调节阀的弹簧端，并通过#34节流孔流向#5单向球阀。R1/4－5－6档离合器调节阀处于此位置时，压力开关4油液通过此阀排出，从而允许常闭的#4压力开关关闭。

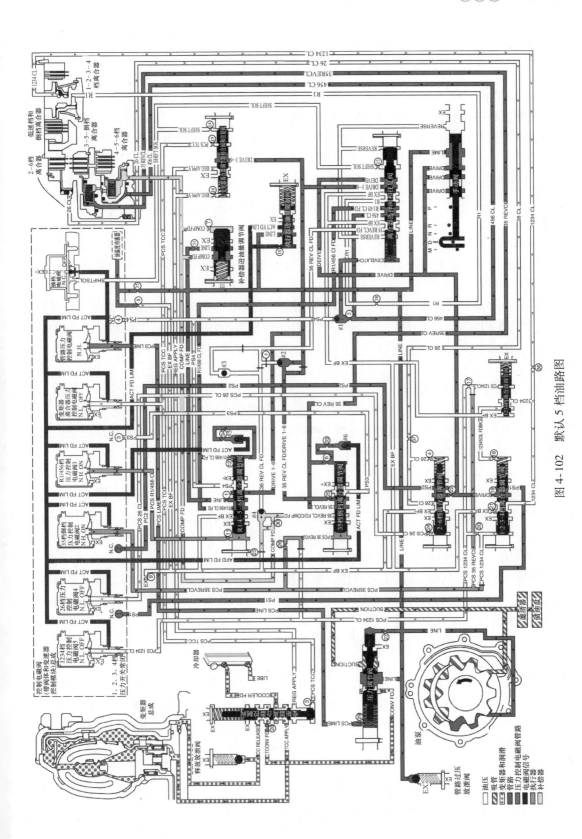

图 4-102 默认 5 档油路图

3）离合器选择阀。R1/4 – 5 – 6 档离合器供油油液通过离合器选择阀流入 4 – 5 – 6 档离合器油路。4 – 5 – 6 档离合器油流入 4 – 5 – 6 档离合器总成，并通过#2 节流孔流向#1 单向球阀。

4）#1 单向球阀。节流的 4 – 5 – 6 档离合器油压力使#1 单向球阀顶住压力开关 4 排油油道。然后，4 – 5 – 6 档离合器油被导入离合器选择阀 2 锁止油路，以更换压力开关 4 的排油压力，再流向离合器选择阀。在六个前进档位，离合器选择阀 2 锁止油路与离合器选择阀弹簧力相结合，使阀保持在此位置。

5）4 – 5 – 6 档离合器。4 – 5 – 6 档离合器油流入 3 – 5 档倒档和 4 – 5 – 6 档离合器壳体总成，以克服弹簧力移动 4 – 5 – 6 档离合器活塞，并克服补偿器供油压力以接合 4 – 5 – 6 档离合器片。

6）#5 单向球阀。R1/4 – 5 – 6 档离合器供油油液顶开#5 单向球阀，从而使过多的压力进入执行器进油量限制油路。这有助于控制离合器接合油液压力和离合器接合的感觉。

（3）1 – 2 – 3 – 4 档离合器分离

1 – 2 – 3 – 4 压力控制（PC）电磁阀 5。当电气状态指令为保护模式时，如果变速器在 1 档、2 档、3 档或 4 档下运行，1 – 2 – 3 – 4 档压力控制电磁阀 5 将默认为常低状态（断电），从而允许压力控制电磁阀 1 – 2 – 3 – 4 档离合器油压力排出，并使 1 – 2 – 3 – 4 档离合器分离。

（4）2 – 6 档离合器分离

2 – 6 档压力控制（PC）电磁阀 4。当电气状态指令为保护模式时，如果变速器在 2 档或 6 档下运行，2 – 6 档压力控制电磁阀 4 将默认为常低状态（断电），从而允许压力控制电磁阀 2 – 6 档离合器油压力排出，并使 2 – 6 档离合器分离。

（5）变矩器离合器（TCC）的分离

变矩器离合器（TCC）压力控制（PC）电磁阀。当电气状态指令为保护模式时，如果变矩器离合器处于接合状态，变矩器离合器压力控制电磁阀将默认为常低状态（断电），从而允许压力控制电磁阀变矩器离合器油排出，并使变矩器离合器分离。

（6）前进档 – 默认为 4 档（部分车型）

根据发动机排量和有效的主减速比，变速器可能默认为 4 档而不是 5 档。如果变速器出现电气部件故障，变速器将默认为四档。所有电磁阀将默认为正常状态。如果变矩器离合器已接合，将分离。变速器将继续挂前进档默认 4 档，直至车辆回复到正常状态。也可以选择挂倒档。此默认行为可使车辆安全地行驶到售后服务中心。

11. D6 档油路图

随着车速的增加和工作状况的改善，TCM 处理来自自动变速器输入轴和输出轴转速传感器、节气门位置传感器以及其他车辆传感器的输入信号，以确定指令常低 2 – 6 档压力控制电磁阀 4 通电的精确时刻。同时，指令常高 3 – 5 – 倒档压力控制电磁阀 2 断电，并将变速器换至 6 档，如图 4-103 所示。

（1）2 – 6 档离合器接合

1）2 – 6 档压力控制（PC）电磁阀 4。2 – 6 档压力控制电磁阀 4 指令通电，以允许执行器进油量限制油液进入压力控制电磁阀 2 – 6 离合器油路。然后，压力控制电磁阀 2 – 6 档离合器油经由#24 节流孔流至 2 – 6 档离合器调节阀。

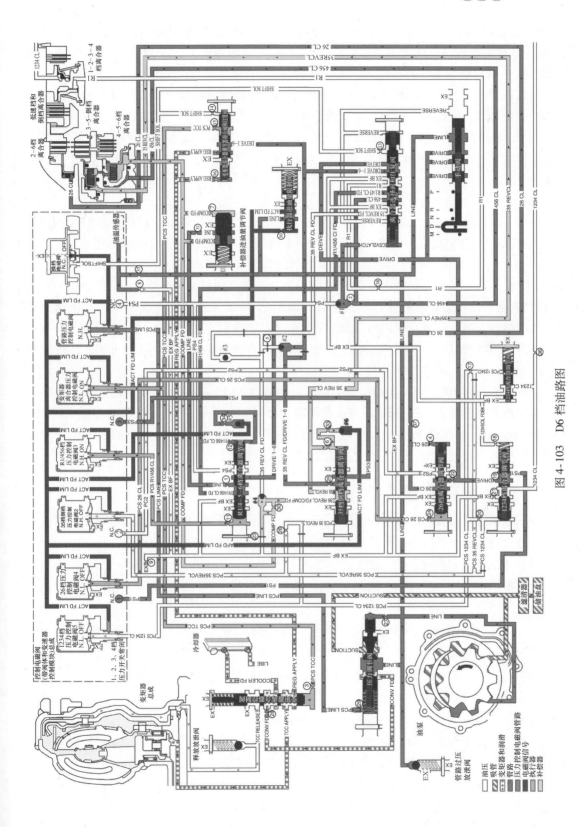

图 4-103 D6 档油路图

131

2）2－6档离合器调节阀。2－6档离合器调节阀上的压力控制电磁阀2－6档离合器油克服2－6档离合器调节阀弹簧力和节流的2－6档离合器油压力，以调节传递至2－6档离合器油路的前进档油液压力。然后，2－6档离合器油通过#37节流孔流向变速器壳体内的2－6档离合器总成，并通过#4节流孔流向2－6档离合器调节阀的弹簧端。2－6档离合器调节阀在此位置时，允许排出压力开关2的油液，并关闭常闭压力开关2。

3）2－6档离合器。2－6档离合器油从2－6档离合器调节阀通过变速器壳体流向2－6档离合器活塞总成。2－6档离合器油压力克服2－6档离合器弹簧力移动活塞，以接合2－6档离合器片。

（2）3－5－倒档离合器分离

1）3－5－倒档压力控制（PC）电磁阀2。指令3－5－倒档压力控制电磁阀2断电时，允许来自3－5－倒档离合器调节阀的压力控制电磁阀3－5－倒档离合器油排出。

2）3－5－倒档离合器调节阀。压力控制电磁阀3－5－倒档离合器油液排出，从而允许3－5－倒档离合器调节阀弹簧力将3－5－倒档离合器调节阀移动至分离位置。这将允许3－5－倒档离合器油压力排入补偿器供油油路，以辅助3－5－倒档离合器活塞弹簧快速分离3－5－倒档离合器。3－5－倒档离合器调节阀处于此位置时，通过节流孔（#25）的3－5－倒档离合器供油/前进档1－6档油液经过此阀体流入压力开关3油路。压力开关3油液流向常闭的#3压力开关，并打开此开关。

3）3－5－倒档离合器。在补偿器供油压力的帮助下，3－5－倒档离合器的弹簧力移动3－5－倒档离合器活塞，以分离3－5－倒档离合器片，并强制3－5－倒档离合器油从3－5－倒档和4－5－6档离合器壳体总成中排出。从3－5－倒档离合器排出的油液压力流入3－5－倒档离合器调节阀，并从此处进入3－5－倒档离合器供油/补偿器供油油路。

四、液压系统故障分析

液压系统通常出现的故障有油液脏污或污染、油液面高度不正常、机油泵磨损导致压力过低，液压阀体的机械阀芯卡滞、电磁阀的阀芯卡滞或电磁阀开路或短路等。

（1）油液脏污或污染

变速器油液使用一段时间，因摩擦材料的磨损、金属零部件的磨损以及油液自身受到氧化的变质等因素，其性能会逐步降低。

观察变速器油的颜色（油液受到污染会导致变色）和气味。油液应该是暗红色且颜色清亮的，而不应是褐色或黑色。如果变速器油液呈现粉红色，表明可能其中掺有水分，应检查散热器的状况。自动变速器油液出现糊味表明过热故障或离合器片故障。

使用白色的吸湿面巾纸将油标尺擦干净。检查有无斑痕污迹或固体颗粒。如果发现较多的黑色或者银白色颗粒，表明内部元件可能有损伤。

注意：变速器油液污染、变质或品牌标号不对均会导致换档质量恶化。如果怀疑变速器油有故障，应排空变速器油，然后换以厂家指定的自动变速器专用油液。

如果变速器油里有微粒或有污染迹象，则应拧开变速器的排液螺塞，让变速器油取样经滤纸过滤，并进行检查。如果变速器油里有冷却液或颗粒证据证实变速器故障，则必须彻底地清洁并检修变速器。这包括清洁、清洗变矩器和变速器冷却系统。

（2）油液面高度不正常

合适的油液面高度对于自动变速器非常重要。

液面过高，可能导致油液被旋转的齿轮搅拌而形成泡沫，油液中的气泡会导致液压系统产生气阻现象而影响离合器或制动器的正常运行。同时过高油液面导致变速器运行阻力增加。液面过高的原因有加注过多、油液温控阀故障、其他液体渗入到变速器内部等等。

液面过低，可能导致变速器油泵吸不到油液，从而影响变速器系统油压，而导致离合器或制动器过早的磨损，严重的可能导致行星齿轮以及离合器等烧损。液面过低的原因可能有加注时未加足量、外部的泄漏等。

（3）液压泵磨损故障

液压泵磨损主要有因缺油导致的磨损、油液脏污导致的磨损和正常磨损等等。干净、足量的油液是液压泵减少磨损的前提。应该定期对油液进行更换。液压泵可通过拆解进行检查，重点检查液压泵的驱动花键是否磨损、液压泵齿轮是否完好、齿轮上下端面是否平整无沟槽。

（4）电磁阀故障

电磁阀通常出现线圈开路、短路以及阀芯卡滞等故障现象。TCM 对电磁阀及其电路进行检测，当发现有故障时会报出故障码。

1）TCM 报电磁阀性能类、电磁阀控制电路电压过高或过低类故障码如下：

DTC P0961：管路压力控制电磁阀系统性能

DTC P0962：管路压力控制电磁阀控制电路电压过低

DTC P0963：管路压力控制电磁阀控制电路电压过高

DTC P0973：换档电磁阀 1 控制电路电压过低

DTC P0974：换档电磁阀 1 控制电路电压过高

DTC P0969：压力控制电磁阀 3 性能

DTC P0970：压力控制电磁阀 3 控制电路电压过低

DTC P0971：压力控制电磁阀 3 控制电路电压过高

DTC P0965：压力控制电磁阀 2 性能

DTC P0966：压力控制电磁阀 2 控制电路电压过低

DTC P0967：压力控制电磁阀 2 控制电路电压过高

DTC P2719：压力控制电磁阀 4 性能

DTC P2720：压力控制电磁阀 4 控制电路电压过低

DTC P2721：压力控制电磁阀 4 控制电路电压过高

DTC P2728：压力控制电磁阀 5 系统性能

DTC P2729：压力控制电磁阀 5 控制电路电压过低

DTC P2730：压力控制电磁阀 5 控制电路电压过高

2）故障检测机理。

变速器控制模块检测到离合器压力控制电磁阀控制电路内部的电气性能故障，其实际的离合器压力控制电磁阀电流与指令的离合器压力控制电磁阀不相等，并持续 5s 以上时，就会报电磁阀性能类故障码。

变速器控制模块检测到离合器控制电磁阀控制电路对搭铁短路并持续 1s，就会报电磁阀控制电路电压过低类故障码。

变速器控制模块检测到离合器控制电磁阀控制电路开路或对电压短路并持续1s,就会报电磁阀控制电路电压过高类故障码。

3）TCM报故障码时,可通过RDS的数据流观察确认,如图4-104所示。将点火开关置于ON,确认故障诊断仪的以下测试状态参数显示"正常"。

① 压力控制电磁阀性能测试状态。

② 压力控制电磁阀控制电路电压过高测试状态。

③ 压力控制电磁阀控制电路电压过低测试状态。

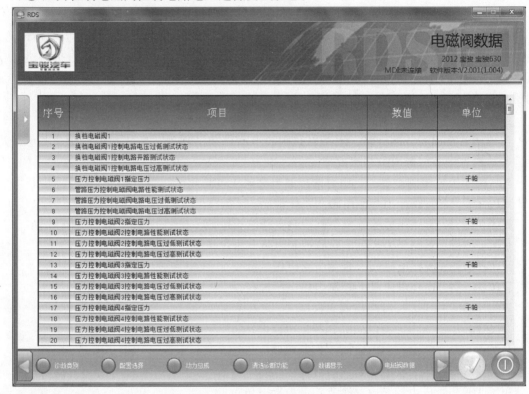

图4-104　RDS有关电磁阀测试状态的数据项

如果任何测试状态参数显示"故障"或"失败",表明电磁阀出现故障,必须进行更换。因电磁阀及其控制模块为一个总成,所以必须通过更换电磁阀总成来解决故障。

电磁阀卡滞类的故障码,将在第五节进行分析。

（5）液压阀体

自动变速器的液压阀体为高精密的零部件。常出现的故障有阀芯卡滞、阀芯磨损导致泄压等故障。变速器阀芯异常的原因为变速器油液脏污、变速器油液内有金属铁屑、阀芯或阀座变形等原因。

因液压阀体为高精密零部件,所以当出现液压阀体卡滞的故障,必须更换液压阀体总成。维修中也要注意搬用时做到轻拿轻放、绝对防尘、拆卸固定螺钉时应等待变速器完全冷却后再进行拆卸操作,严格执行螺钉的拆卸顺序。安装时除了同拆卸过程一样的要求外,还要注意拧紧力矩的要求。

第四节 电子控制系统控制原理

一、电子控制系统的功能

1. 变速器控制模块

变速器控制模块（TCM）接收各种输入信号，通过计算处理，指令换档电磁阀和可变管路压力控制电磁阀，以控制换档正时和换档感觉。变速器控制模块还控制变矩器离合器的接合和分离，从而使发动机实现最大燃油效率，同时不降低车辆性能。所有电磁阀，包括变速器控制模块，组装成一个独立的控制电磁阀总成，如图4-105所示。维修时只能作为总成件进行更换。更换TCM后，需执行网路在线维修编程操作。

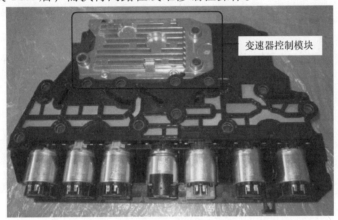

图 4-105　GF6 控制模块及电磁阀总成

2. 网络通信

变速器控制模块应用在高速 CAN 网络上，其安装位置在 ECM 和 EBCM 之间。变速器控制模块向网路发布档位开关位置的信息，便于 ECM 控制起动机继电器的工作。同时 TCM 从 ECM 获取节气门开度信号等。向仪表发送档把位置信号、变速器系统故障信号、车速信号等，目的是由仪表液晶显示档位位置、故障指示灯及车速表。TCM 从 BCM 获取手动换档开关信号，来实现手动换档的换档模式功能。TCM 向 BCM 发送倒档位置，由 BCM 控制倒车灯继电器吸合，使倒车灯点亮。TCM 发送驻车档位置信息给 BCM，BCM 监测的条件满足时，来控制变速杆电磁阀的工作。如图4-106所示。

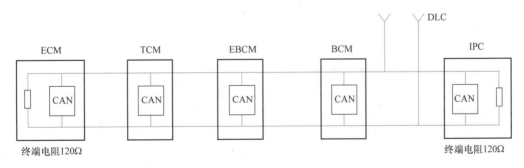

图 4-106　车载网络拓扑图

135

TCM 的唤醒有两种方式，一种是通过点火继电器吸合供电后唤醒，另一种是通过 BCM 输出电源来唤醒，只要有一个条件满足，TCM 就能被唤醒，如图 4-107 所示。

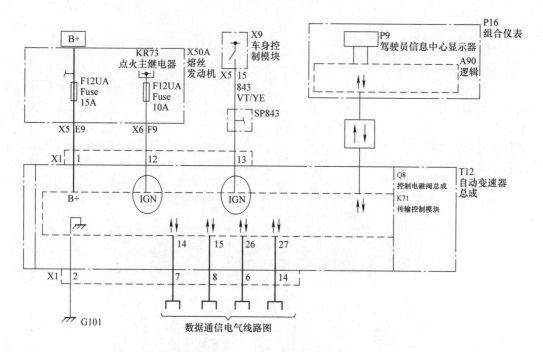

图 4-107　GF6 TCM 电源、唤醒示意图

二、电子控制元件的结构与原理

1. 与发动机电控系统共用传感器

（1）节气门位置传感器（TPS）

节气门位置传感器的功用是将发动机负荷（对应与节前门开度）转换为电压信号输入给 TCM，作为确定换档时机（换档点）和变矩器锁止离合器锁止时机的主要信号之一。

在车辆中，节气门位置传感器的信号直接给发动机控制模块（ECM），ECM 通过 CAN 网络将节气门开度信息发送给 TCM。有关此传感器的性能监测我们在中级课程中已经探讨，在此不再赘述。

（2）发动机冷却液温度传感器

发动机冷却液温度传感器主要是变矩器离合器锁止时机的主要信号。也是由 ECM 通过 CAN 网络传输信息。

（3）发动机转数传感器

发动机转速传感器是 TCM 判断变矩器离合器工作状态的主要信号。也是由 ECM 通过 CAN 网络传输信息。

（4）制动开关

制动开关信号主要是变矩器离合器释放锁止离合器的主要信号。它是由 BCM 通过 CAN 网络传输信息。

2. 输入、输出轴转速传感器

自动变速器利用输入、输出轴转速传感器可以判断变矩器离合器结合后的打滑状况，以及变速器的传动比、离合器或制动器是否打滑等。同时输出轴转速传感器信号也用作判断车速。

（1）输入轴转速传感器

输入轴转速传感器（ISS）是一个霍尔效应型传感器。将输入轴转速传感器安装至变速器壳体总成，并通过线束和插接器连接到控制电磁阀（带阀体和变速器控制模块）总成上。传感器面向 C3-5-R、C4-5-6 档离合器活塞壳体齿状机加工面，如图4-108 所示。

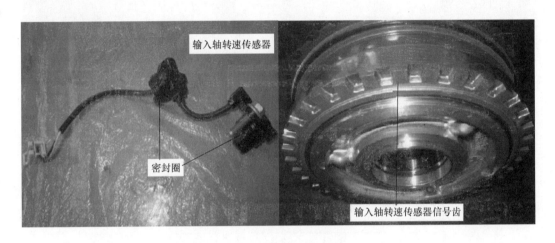

图4-108 GF6 输入轴转速传感器及信号齿

变速器控制模块向输入轴转速传感器提供 11.6V 的电源电压，在传感器回路上产生 1.18~2.43V 方波信号电压。随 C3-5-R、C4-5-6 档离合器壳体的旋转，传感器基于 C3-5-R、C4-5-6 档离合器活塞壳体齿状机加工面产生一个信号频率。变速器控制模块使用输入轴转速传感器信号以确定管路压力、变速器换档模式、变矩器离合器（TCC）转差速度和传动比。

（2）输出轴转速传感器

输出轴转速传感器（OSS）是一个霍尔效应型传感器。输出轴转速传感器安装在控制阀体总成下的变速器壳体，并通过线束和插接器连接至控制电磁阀（带阀体和变速器控制模块）总成。传感器朝向驻车齿轮齿状机加工面，如图4-109 所示。变速器控制模块向输出轴转速传感器提供 11.6V 的电源电压，在传感器回路上产生 1.18~2.43V 方波信号电压。

随着变速器输出部件总成的旋转，传感器基于驻车齿轮齿状机加工面产生一个信号频率。此信号通过输入轴转速传感器信号电路传输至变速器控制模块，如图4-110 所示。变速器控制模块使用输出轴转速传感器信号以确定管路压力、变速器换档模式、变矩器离合器转差速度和传动比。

两个传感器的输出的信号类似，都是一个高低电位的方波信号。转速越快，方波信号越密集，如图4-111 所示。TCM 向传感器提供 11V 的电源电压，信号叠加在回路上。电压范围在 1.18~2.43V。

图4-109　GF6 输出轴转速传感器及信号齿

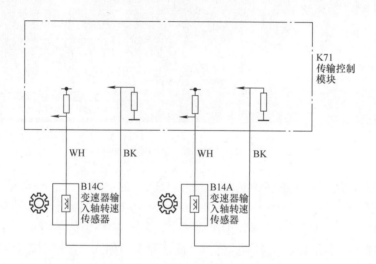

图4-110　输入轴转速传感器示意图

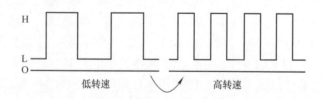

图4-111　传感器输出信号

（3）转速传感器故障分析

转速传感器出现异常，通常能导致变速器无法换档、变速器出现故障码而出现冲击感、车速无法显示等故障。遇到此故障时我们可以借助 RDS 数据进行查看，如图4-112 所示。

图 4-112　GF6 RDS 数据流

GF6 输入、输出轴转速传感器的类型均为二线霍尔式。其检查方法与底盘 EBCM 轮速传感器的方法完全相同，在此不再说明。

3. 档位开关

变速器换档轴位置开关，也叫做内部模式开关，总成是一个滑动触点式开关，安装在变速器壳体内的手动换档轴止动杆总成上，如图 4-113 所示。从变速器手动换档轴开关总成传送到变速器控制模块的四个输入信号，指示了变速杆的位置。此信息也用于发动机控制系统。

每一个输入信号的状态都可在故障诊断仪上显示。四个输入信号参数相应于信号 A、B、C、P（奇偶性）和 N（驻车档/空档起动）。

变速杆在不同的位置，这四个开关的状态不同，见表 4-6。TCM 通过检查这四个开关产生的高低电位组成的逻辑关系来判断变速杆的具体位置。如果变速杆在某一位置，其中之一的信号出现异常，不符合表 4-6 中关系，TCM 就无法识别出档位，仪表档位也就不能显示。

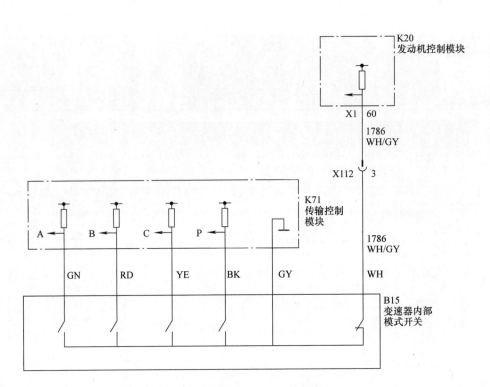

图 4-113　内部模式开关示意图

表 4-6　变速器挂档开关的状态

档位	信号 A（B 脚）	信号 B（C 脚）	信号 C（D 脚）	信号 P（E 脚）
P	低	高	高	低
R	低	低	高	高
N	高	低	高	低
D	高	低	低	高

注："高" = 点火电压，"低" = 0V。

　　档位开关出现故障，通常的原因是开关内部触点磨损或线路出现异常。档位开关出现故障能够导致车辆不能行驶、仪表档位信息指示不准或不能指示、发动机无法起动等故障。分析故障时可借助 RDS 读取变速器的数据，如图 4-114 所示。

　　首先观察变速杆位置是否与仪表显示一致。如果不一致，有错位的现象，那么可能的故障原因是换档拉索调整不当，需重新调整换档拉索。如果出现档位信息不能显示，可能的故障原因是档位开关故障或档位开关线路故障。为了进一步确认哪个信号出现异常，在变速杆不同档位时，查看内部模式开关的四个信号高低对应状况。正常四个信号状况与手册的逻辑关系能够完全对应。如果不一致，就能判断档位开关信息不正确。此时需要拆解变速器电磁阀及阀体进行进一步检测，排除线路故障时只能更换档位开关总成来解决。

4. 手动换档模式开关

　　当驾驶人把变速杆从 D 位移动到 M 位时，M 位位置开关被结合，通过手动换档开关电

图 4-114   GF6 RDS 数据流

阻,产生一个电压信号,此电压信号被 BCM 识别,并把信号通过 CAN 网络发送给 TCM,
TCM 会依据当前的车速或节气门开度,默认到一个合适的档位运行,如图 4-115 所示。在
起步时,默认的档位为 1 档。当驾驶人若要执行加档或减档时,只要向前或向后操纵变速
杆,此开关会向 BCM 提供一个变化的电压信号(加档和减档时的电压信号不同)。BCM 通
过 CAN 网络把此信号发送给 TCM,TCM 依据手动换档模式开关信号,结合当前的车速以及
节气门开度等信号,如果在容许换档范围内,则 TCM 控制换到相应的档位上。如果换档条
件不满足,TCM 会处于保护模式,不会执行手动换档的命令。

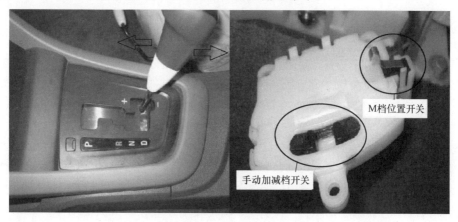

图 4-115   手动换档模式开关

手动换档模式的开关内部有不同的电阻，当驾驶人前、后移动变速杆时，通过短接不同的电阻。因 BCM 向手动换档模式开关提供一个 5V 参考电压，所以手动换档开关会向 BCM 提供一个不同电压信号，如图 4-116、4-117 所示。这样 TCM 便会识别驾驶人的意图。

图 4-116　手动换档模式开关电阻

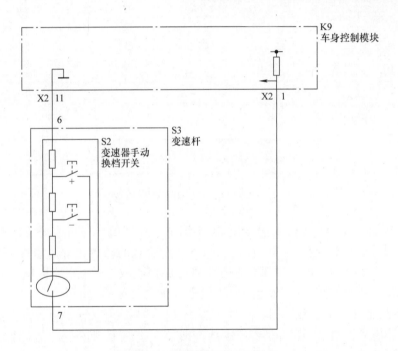

图 4-117　手动模式开关示意图

手动模式开关实际测量值（实际测量会有一定的偏差范围）见表 4-7。

表 4-7　手动模式开关实际测量值

	电阻/kΩ	电压/V
非 M 档	无穷大	5
M 档	6.82	3.72
加档	3.95	3.152
减档	1.865	2.235

手动模式开关故障通常原因有开关线路或开关本身故障。可以通过 RDS 读取变速器数据流进行开关故障的确认，如图 4-118 所示。如果随着手动模式开关的动作，RDS 显示状态与实际一致，那么可能的故障原因不是开关问题，反之是开关问题。

手动模式开关可以通过测电压或电阻的方法进行故障诊断。手动模式开关出现故障，通常表现的没有手动模式。维修此类故障时，切记不要直接查找维修手动模式开关及其线路。当变速器模块出现某些故障码时，TCM 为了保护变速器，禁止进入手动换档模式。因此最好先通过诊断仪读取 TCM 的 DTC。有 DTC 按照维修手册提供的检查顺序进行诊断，没有 DTC 时，此时进行手动换档模式开关的检查。

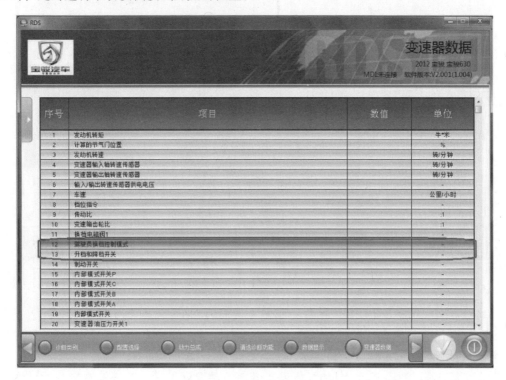

图 4-118　GF6 RDS 数据流

5. 温度传感器

　　GF6 内部共有两个温度传感器，一个是变速器油温度传感器，用于向控制模块提供油液温度信号，在模块上可见，如图 4-119 所示。另一个为变速器控制模块温度传感器，该传感器不可见。这两个传感器与模块一体，不能单独维修，可以通过 RDS 读取油液温度信号。

图 4-119　GF6 变速器油温度传感器

　　油液温度、模块温度信号不正常，可能导致变速器变矩器离合器控制时机不正常或换档冲击感，可通过 RDS 读取变速器油温度信号和变速器模块温度信号，如图 4-120 所示。正常状态下，变速器油温度与发动机冷却液温度接近、变速器油温度与模块自身温度也比较接近。正常的变速器油温度 −40～140℃。

　　1）如果 TCM 检查到变速器油温度或模块本身温度大于 254℃时，TCM 会报温度过高的

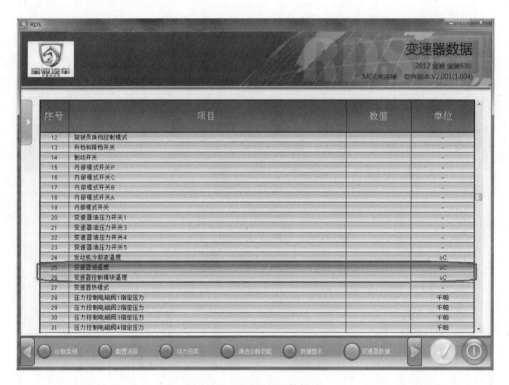

图 4-120　GF6 RDS 数据流

DTC。当检查温度小于 254℃时，TCM 会报温度过低的 DTC。

2）如果 TCM 检查到变速器油温度或模块本身温度之间相差超过 20～50℃，TCM 就会判定系统有故障，变速器进入故障模式下运行。

3）如果变速器油温度超过 146℃，表明变速器油温度过高，应该检查导致油液温度过高的原因。通常应判断发动机的冷却液温度，正常发动机冷却液温度不高于 125℃。如果发动机冷却液温度高于 125℃时，应优先检查发动机的冷却液温度高的故障原因，其次检查变速器油散热系统是否正常。比如检查散热器是否因脏污堵塞等原因。

6. 变速器油压开关（TFP）

变速器油压开关的作用是 TCM 判断离合器或制动器控制油路的机械阀芯是否存在卡滞故障。

TCM 通过其各自的信号电路向每个变速器油压力开关提供 12V 电压，如图 4-121 所示。变速器油压力开关总成有内部壳体搭铁。每个变速器油压力开关为常闭开关，低电平。当变速器油压力开关存在油压时，该开关打开，且为高电平。变速器控制模块监测每个关闭的变速器油压力开关信号电路以确定离合器状态。有四个 N.C 型的油压开关（TFP Switch）安装在电磁阀总成内，如图 4-122 所示，有油压时，开关断开。

1）变速器油压力开关 1，以确定 3-5-倒档离合器调节阀的位置。

2）变速器油压力开关 3，以确定 2-6 档离合器调节阀的位置。

3）变速器油压力开关 4，以确定 1-2-3-4 档离合器调节阀的位置。

4）变速器油压力开关 5，以确定 R1/4-5-6 档离合器调节阀的位置。

以上所有离合器工作时，油压开关处无油压，不工作时有油压（可以通过油路图分析

图 4-121 GF6 TFP 开关

1—TFP 开关 1：监测 C3 – 5 – R 离合器调节阀信号 2—TFP 开关 3：监测 C2 – 6 离合器调节阀信号

3—TFP 开关 4：监测 C1 – 2 – 3 – 4 离合器调节阀信号 4—TFP 开关 5：监测 CL – R、C4 – 5 – 6 离合器调节阀信号

注：变速器油压力开关 2 不存在；油压开关序号与电磁阀序号是不对应的。

得出）。

TFP 开关总成是控制电磁阀（带阀体和变速器控制模块）总成的一部分且不能单独维修。在维修时判断为油压开关出现故障，必须通过更换电磁阀总成来解决。

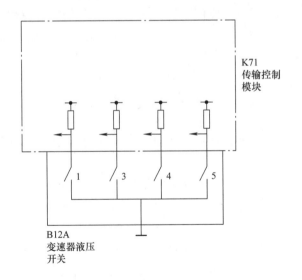

图 4-122 TFP 压力开关示意图

7. 变速杆电磁阀

驾驶人没有踩下制动踏板时，变速杆无意间从 P 位移动至其他档位，会导致车辆移动而产生事故。因此，必须满足一定的条件，变速杆才可以移动。GF6 变速杆移动的条件是，变速杆在 P 位、点火钥匙拧到 ON，踩下制动踏板，此时 BCM 控制电磁阀工作，这样驾驶人

才能移动变速杆。当变速杆离开 P 位时，变速杆电磁阀不再工作，如图 4-123 所示。

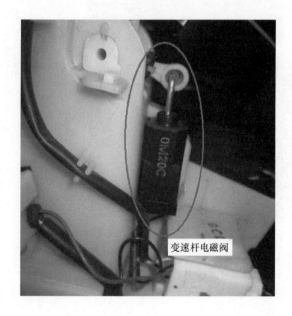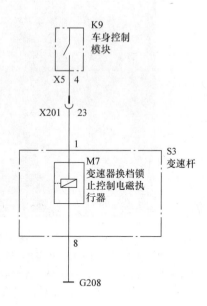

图 4-123　变速杆电磁阀及示意图

三、控制过程

自动变速器控制策略包括自动换档控制策略、手动换档控制策略、自动空档控制策略、改善换档品质控制策略、故障模式下的控制策略以及变矩器离合器的控制策略。

1. 自动换档控制

驾驶人将变速杆置于 D 位时，变速器控制模块依据两个最主要的信号（节气门开度信号和车速信号）执行最合适的档位。变速器的升降档控制都是在预先储存在模块内部的程序进行的。

换档时机是指变速器自动切换档位（即速比）的时机，又称换档点。换档时机的控制过程如图 4-124 所示。

在汽车行驶过程中，TCM 确定换档时机采用的主要信息包括：档位开关信号、节气门开度信号、车速信号。其次还参考发动机转数信号、冷却液温度信号、油液温度信号、制动开关信号等，这些信息主要影响到变矩器离合器的控制时机。

从图 4-126 中我们可以得到，在一定的节气门开度下，不同档位切换时的车速。例如，在节气门开度为 25% 的状态下，变速器由 1 档升为 2 档时，其车速为 15km/h；变速器由 2 档降为 1 档时，其车速为 10km/h。总体是升档时的车速要高于降档时的车速。

在车速一定的条件下，不同的节气门开度对应于不同的档位。例如，在车速 30km/h 如果节气门开度在 25% 时，其档位在 3 档；当节气门开度为 50% 时，其档位为 2 档。

注意，此图表只能作为参考使用，不能作为实际修车中的标准参数。在实际维修中，如果需要判断换档是否过早或过晚的故障，可以采用相同动力的正常车辆路试进行数据采样对比。并且路试时必须在相同的节气门开度下进行比较。

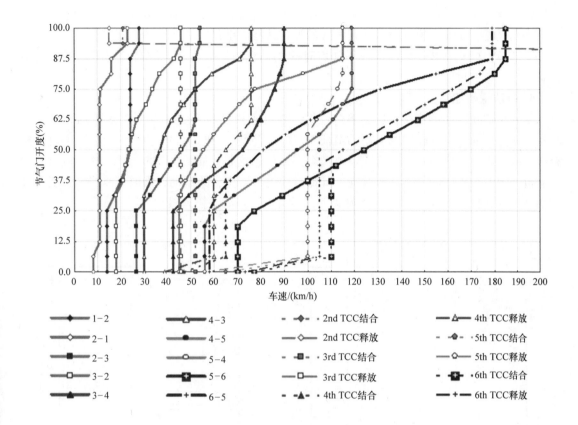

◆ 1-2	△ 4-3	◆ 2nd TCC结合	△ 4th TCC释放
◇ 2-1	● 4-5	◇ 2nd TCC释放	● 5th TCC结合
■ 2-3	○ 5-4	■ 3rd TCC结合	○ 5th TCC释放
□ 3-2	+ 5-6	□ 3rd TCC释放	+ 6th TCC结合
▲ 3-4	+ 6-5	▲ 4th TCC结合	+ 6th TCC释放

图 4-124　换档时机图表

TCM 就是不断地接收节气门开度信号和车速信号，分别将这两个主要的信息与预先储存在内部的换档程序做对比，以确定换档时机。之后控制相应的压力电磁阀和管路压力，电磁阀再控制相应的换档阀移动，切换不同的油路到相应的离合器或制动器，结合、制动行星齿轮组的某个元件，从而实现档位的控制与升降档控制。

车辆在正常行驶，如果驾驶人踩下加速踏板开度过大，比如超车时，此时变速器控制模块为了迅速提高变速器输出转矩，采用切换低档位的方法来实现增矩的作用，即减速增矩。依据节气门的开度大小的不同，变速器向下换到低一个或两个甚至多个档位，这主要取决于当前的车速和节气门的开度信息。

2. 手动换档控制

驾驶人将变速杆置于手动换档位置，变速器换档进入手动换档模式下工作。驾驶人通过操纵变速杆的加、减档动作。该手动模式开关向 TCM 发送一个档位切换的请求信号，此时，TCM 不再依据自己储存的换档程序进行换档时机的控制，而是优先采用驾驶人的手动换档请求信号进行换档控制。此时 TCM 任然要通过控制相应的压力电磁阀和管路压力，电磁阀再控制相应的换档阀移动，切换不同的油路到相应的离合器或制动器，结合、制动行星齿轮组的某个元件，从而实现档位的控制与升降档控制。

一个没有经验的驾驶人，如果选择了手动换档模式，在发动机转速或车速达到所允许的最大限度时，TCM 不会立即执行驾驶人的换档请求，除非达到所允许的操作条件。如果发动机转速或车速达到所允许最大限度，即使驾驶人没有进行手动加、减的操作，为了保护发动机和变速器，变速器模块也会执行相应的加、减档的动作。

手动换档模式，被经常用来在下陡坡时的发动机制动控制和泥泞雪地起步的降低转矩控制。

3. 自动空档控制

如果车辆短时间的停车，比如等待红灯，TCM 通过档位开关识别出变速杆在 D 位，监测到车速为 0km/h，接收到踩下制动踏板 3s 后，TCM 就会进入自动空档模式。TCM 通过控制压力电磁阀 5 来实现对 C1 - 2 - 3 - 4 离合器油压的控制，如图 4-125 所示。这样可以减少发动机转矩的输出，降低发动机油耗，降低发动机带给车身的振动，降低变速器油温度上升的幅度。变速杆在 R 位、手动换档模式下，不会进入自动空档模式。

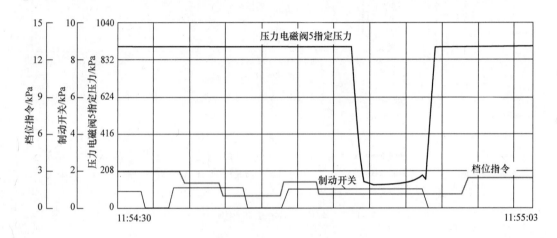

图 4-125　GF6 自动空档控制

4. 改善换档品质控制

在切换不同的档位时，TCM 要精确控制档位切换时所工作的离合器或制动器结合时间及换档时间，如图 4-126 所示。宝骏 630 GF6 通常档位切换时间在 0.10 ~ 0.35s。换档时间过短，就会有冲击感；换档时间过长，变速器就会有打滑感，会加速变速器离合器或制动器的磨损。

35	上次换档时间	0.350s
36	1-2档换档时间	0.250s
37	2-3档换档时间	0.350s
38	3-4档换档时间	0.275s
39	4-5档换档时间	0.325s
40	5-6档换档时间	0.425s

图 4-126　GF6 换档时间

自动变速器在切换档位时，离合器和制动器往往是交替进行切换。也就是说，当要进行升档或降档时，首先 TCM 要控制当前的离合器或制动器进行释放解除，紧接着要控制下一个离合器或制动器进行结合工作。为了使档位切换的时间比较合理，同时又保证不能让两个离合器或制动器发生干涉（也就是通常所说的同时挂两个档），这两个离合器或制动器几乎是同步控制。这就要求 TCM 控制前一个离合器释放要迅速，控制后一个离合器结合要缓慢。

快速释放。TCM 可以通过控制对应的压力电磁阀进行油压的快速泄放来控制。

缓慢结合。变速器在下一个离合器或制动器即将工作的初期，TCM 通过控制相应的压力电磁阀使油压调节小幅升高。后期一旦完全结合后，为了防止离合器或制动器打滑，该电磁阀将油压继续升高到更高的一个范围值内并保持。

如图 4-127 所示，GF6 离合器或制动器的压力电磁阀指定压力的控制方式。

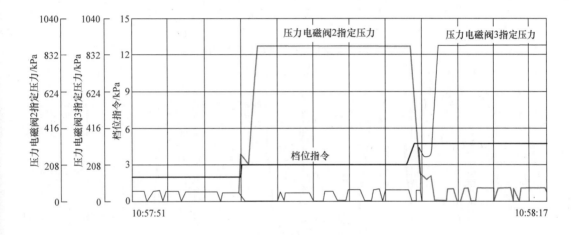

图 4-127　GF6 压力控制电磁阀油压调制控制

当由 2 档升 3 档时，电磁阀 2 的油压调制和 3 档升 4 档时的电磁阀 3 的油压控制，就是典型的换档品质的控制策略。

注意，控制有两种，有的电磁阀为常高型（离合器或制动器不工作时，电磁阀工作；离合器或电磁阀工作时，电磁阀不工作），有的电磁阀为常低型（离合器或制动器不工作时，电磁阀也不工作，离合器或制动器工作时，电磁阀工作）。在换档时，为了减少冲击感，TCM 还同时通过 CAN 线向 ECM 发送一个降低转矩输出的请求。ECM 得到请求信息后通常是通过推迟点火提前角来实现，如图 4-128 所示。

5. 管路压力控制

GF6 的管路油压是由 TCM 通过脉宽控制管路压力电磁阀来调制出不同的管路压力。那么 TCM 在控制变速器管路油压有哪些控制特点？变速器管路油压高低与发动机负荷、变速器升档、具体档位等因素有关。

（1）发动机负荷对管路压力的影响

当发动机负荷越大，意味着变速器输出的转矩也越大。为了保证变速器有足够的转矩输出而变速器离合器或制动带不打滑，TCM 就通过控制管路压力电磁阀的脉宽来调制更高的管路压力。

如图 4-129、4-130 所示为变速器在不同的节气门开度的状况下，分别在相同的档位下，不同的管路压力波形图。

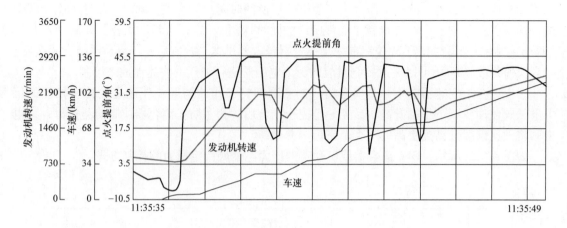

图 4-128　变速器换档时 ECM 点火时间控制

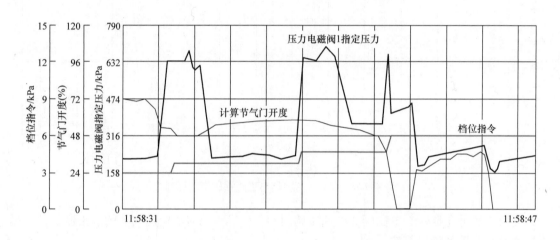

图 4-129　计算节气门开度在 46% 时的管路压力控制

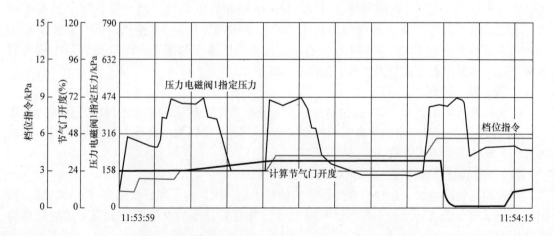

图 4-130　计算节气门开度在 29% 时的管路压力控制

（2）变速杆位置对管路压力的影响

变速杆在 P 位和 N 位时，为了减少发动机的负荷，TCM 将变速器油压控制得较低，以满足变速器内部的润滑需求。宝骏 630 GF6 变速杆在 P 位、N 位时的油压约为 400kPa。在 R 位和 D 位时，车辆起步阻力比较大，也就是变速器的输出转矩需求也比较大，为了防止离合器或制动器打滑，此时 TCM 将油压调制得相对较高一点。宝骏 630 GF6 变速杆在 R 位时的油压约为 600kPa，D 位时的油压约为 700kPa。

如图 4-131 所示为变速杆在不同位置时的管路压力波形图。

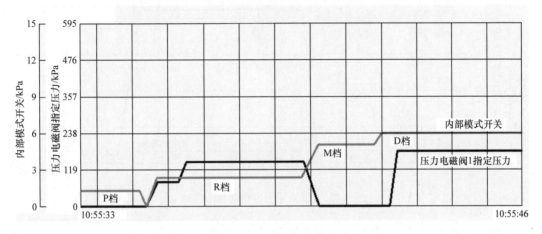

图 4-131　变速杆在不同位置对管路压力的影响

（3）变速器实际档位对管路压力的影响

变速器机械机构在设计时受到空间的限制，某些离合器或制动器的摩擦片或制动带摩擦面积可能会略小一点，为了保证在输出扭矩时不打滑，在某些档位的油压控制也相对较高一点。宝骏 630 GF6 在 1、2 档时的工作油压约为 450kPa，在 3、4、5、6 档时的油压约为 900kPa。

如图 4-132 所示为变速器在不同档位时的管路压力波形图。

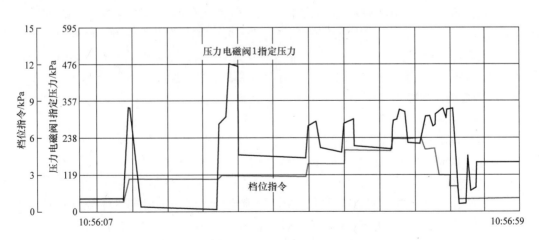

图 4-132　不同档位对管路压力的影响

6. 管路压力电磁阀自洁控制

每次发动机重新起动，为了防止异物对管路压力电磁阀、管路压力调节阀机械阀芯的卡滞，在变速器平稳进入 1 档时，TCM 将控制压力电磁阀 1 使管路压力短暂的达到最高压力，以清除可能的异物，如图 4-133 所示。因系统油压升到最高时，TCM 已经指令变速器稳定进入 1 档，所以此时感觉不到冲击感。

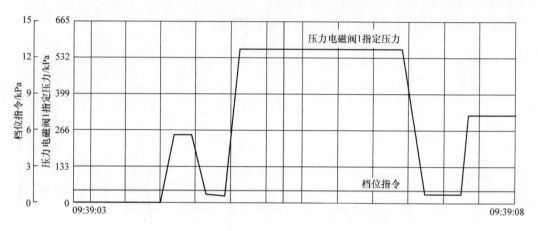

图 4-133　管路压力电磁阀自洁控制

7. 故障模式控制

当 TCM 监测到某些故障时，TCM 将使车辆固定在某个档位，不再进行升降档控制。不同的故障，TCM 锁定的档位不同，有的锁定在 3 档，有的锁定在 4 档或 5 档，不再进行升降档控制。同时挂倒档也能行驶，目的使车辆能够运行到维修厂进行修理，具体锁定在哪个档位，参照维修手册的说明。当 TCM 监测到严重的故障时，变速器控制其进入 5 档工作。当 GF6 进入故障模式时，挂前进档将以一个较高的档位行驶（在车辆起步时，因档位较高，起步较费力）。同时 TCM 对管路压力也不再进行调节，故变速器将以最高油压工作，此时，移动档位时有明显的冲击感。

变速器出现故障时，能够有故障冻结帧，便于维修人员参考。同时通过 CAN 网络，向 TCM 请求发送点亮发动机尾气排放故障指示灯。此时在 ECM 内部会有 P0700 的故障码，其含义是变速器模块请求点亮故障指示灯。在今后的维修中，如果发现 ECM 有此故障码，就需要到 TCM 内部读取具体的故障码，依据 TCM 内部的具体故障码进行维修。

8. 液力变矩器的控制过程

（1）锁止时机的控制过程

锁止时机控制就是何时控制锁止变矩器离合器，如图 4-134 所示，将发动机动力直接传递到变速器，从而提高传动效率，并改善燃油经济性。

汽车在行驶过程中，TCM 首先根据档位开关的信号、节气门开度信号和车速信号来确定变矩器的锁止时机。当汽车高速行驶、变矩器速比增大到一定值（具体数值有液力变矩器结构所决定）时，TCM 立即向 TCC 发出指令工作（TCC 阀为常低型）。此时主油路油压经过执行器油量限值阀的调压作用，使其向 TCC 阀提供压力较低的信号油压。TCC 阀工作，信号油压经过 TCC 阀向变矩器离合器结合阀和往复阀的右侧加压，同时也向变矩器离合器控制阀的下端加压。其加压的结果导致变矩器离合器结合阀和往复阀阀芯左移，变矩器离合器控制阀上移。此时主油路油压通过手动阀→离合器选择阀和往复阀→变矩器离合器控制阀→变矩器锁止离合器后方加压使离合器锁止。与此同时，离合器前方油路通过变矩器离合器控制阀泄压。

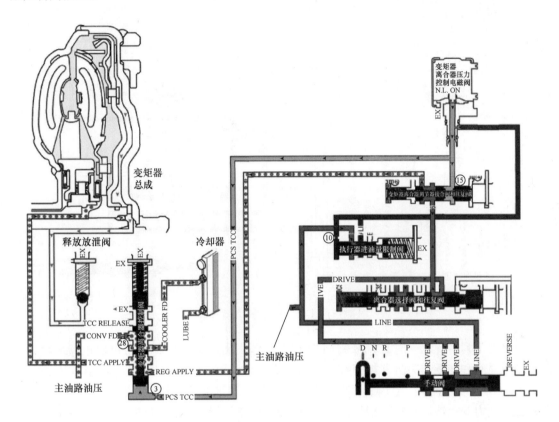

图 4-134　GF6 变矩器离合器锁止

（2）解除锁止状态的控制过程

当 TCM 控制压力电磁阀进行升降档时，TCM 将发出暂时解除变矩器锁止状态指令，使换档离合器或制动器结合柔顺，防止或减轻换档冲击，如图 4-135 所示。

当自动变速器升档或降档以及其他条件下需要解除液力变矩器锁止状态时，TCM 将向 TCC 电磁阀发出断电指令。

TCC 电磁阀不再向变矩器离合器结合阀和往复阀的右侧加压，同时也不再向变矩器离合器控制阀的下端加压。变矩器离合器结合阀和往复阀阀芯在弹簧弹力的作用下右移恢复到原位，变矩器离合器控制阀下移恢复到原位。此时主油路油压不能通过离合器选择阀和往复阀向变矩器离合器控制阀供油。此时主油路油压经变矩器离合器控制阀向变矩器离合器前方供油，此油压推动离合器向后移动原理变矩器壳体，离合器分离。与此同时变矩器离合器控制阀将离合器后方的油路与变速器散热器相通。经过散热后的油液导入变速器进行齿轮、链条的润滑后回到油底壳。

（3）解除锁止状态的条件

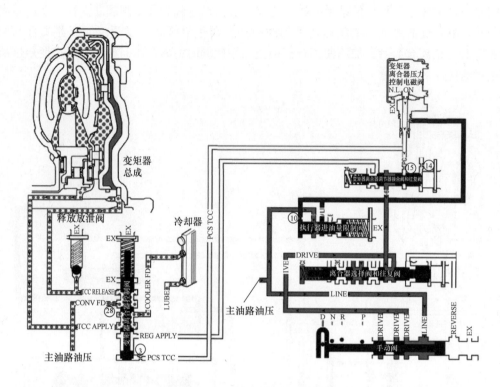

图 4-135　GF6 变矩器离合器释放

当出现下列情况之一时，TCM 将向 TCC 电磁阀发出断电指令，并通过变矩器离合器结合阀和往复阀和变矩器离合器控制阀，强制解除液力变矩器的锁止状态，如图 4-136 所示。

1）制动开关接通时。当制动踏板踩下时，TCM 通过 CAN 网络接收到此信息时，立即发出解除液力变矩器锁止状态指令，以便制动器制动将车速降低，并防止发动机在驱动轮制动抱死时突然熄火。

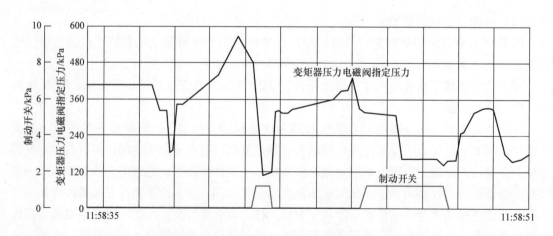

图 4-136　GF6 变矩器压力电磁阀指定压力控制

2）当 TCM 通过 CAN 网络接收到发动机节气门开度处于怠速时。当发动机怠速或急减速时，防止驱动轮不转或抱死时导致发动机突然熄火。

3）当冷却液温度较低时（一般指低于 60℃）。当冷却液温度较低时，TCM 为了快速使发动机和变速器的油液温度达到正常温度，停止 TCC 的结合。GF6 没有此控制策略。

（4）改善换档品质的 TCC 控制方式

为了改善变速器在档位切换时的平顺性，减小冲击感。如果 TCC 在已经结合工作的条件下，变速器又要升档，此时，TCM 或指令变矩器离合器电磁阀将变矩器锁止油压降低一些，等待档位完全结合后，油压再次恢复到正常值，如图 4-137 所示。

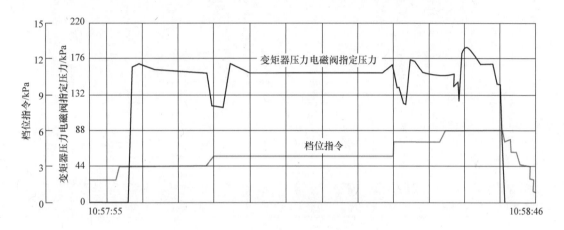

图 4-137　GF6 变矩器压力电磁阀油压控制

9. 自适应控制

变速器加档时，利用管路压力控制系统补偿变速器部件的正常磨损。随着变速器中的接合部件逐渐磨损或年久变形，换档时间（离合器接合所需要的时间）也将增加或减少。为了补偿这些变化，TCM 调节对各种压力控制电磁阀的指令压力，以保持原来标定的换档正时。自动调节过程被称为"自适应读入"，它用来确保一致的换档感觉，以及增加变速器的耐久性。在指令换档时，变速器控制模块监测自动变速器输入轴转速传感器（ISS）和自动变速器输出轴转速传感器（OSS），以确定换档是否过快（生硬）或过慢（疲软），并调整相应的压力控制（PC）电磁阀信号以保持设定的换档感觉，如图 4-138 所示。这种自行学习的方式比较漫长，并且这些学习值被储存 TCM 内。

自适应功能的目的是，自动补偿车辆换档控制系统的各种变化保证换档质量。自适应功能是一个连续的过程，在整个车辆使用期内，有助于保持最佳的换档质量。

为了使 TCM 在很短时间内学习到变速器自身机械结构的差异，实现最优化的控制换档，在进行了以下维修操作后需要执行自适应值的学习，即快速自适应学习。

只有当车辆进行了以下维修中的一项时，才必须执行"维修快速读入自适应值"程序。在以下维修中的一项完成之后若未执行本程序，可能会造成变速器性能不良以及设置变速器故障诊断码：

1）变速器内部维修/大修。

2）阀体修理或更换。

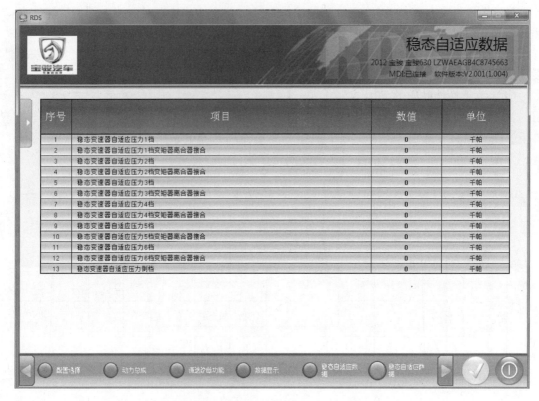

图 4-138　GF6 自适应压力参数

3）控制电磁阀（带阀体和变速器控制模块）总成更换。

4）变速器控制模块软件/校准更新。

5）针对换档质量问题的任何维修。

现在讨论的自适应学习特指是利用诊断仪 RDS 进行的快速自适应值学习。学习时注意安全，并且车辆必须具备以下条件（重要注意事项：执行"学习自适应值"程序之前，确保满足以下条件）：

1）阻挡驱动车轮。

2）踩下驻车制动器。

3）踩下行车制动器。

4）发动机处于怠速状态。

5）变速器油温（TFT）在 70～100℃。

6）变速杆从驻车档（P 位）挂到倒档（R 位），循环三次，以排出倒档离合器中的空气。

使用故障诊断仪通过选择以下命令，选中"学习自适应值"选项：变速器控制模块→模块设置→学习适应值程序。

重要注意事项：如果程序执行期间遇到所需的条件未满足，"学习适应值程序"可能会异常中断，程序需要从起点处重新开始运行。

使用故障诊断仪执行"学习适应值程序"程序，程序执行时，故障诊断仪数据显示将提供操作说明。必要时按照故障诊断仪的说明操作。

一旦程序完成，关闭发动机并将变速器控制模块断电，您将与故障诊断仪失去通信。

重新起动发动机。这将完成"学习适应值程序"程序。

重要注意事项：当"学习适应值程序"程序完成时，变速器将保持在空档状态。

第五节 自动变速器综合诊断与修复

自动变速器是一个复杂的系统，系统出现故障时，应该分类别进行诊断，然后借助一些诊断手段进行诊断。修理自动变速器的第一步是要进行彻底的诊断。在有充分理由相信已找到问题所在前，切不可将变速器从车上拆下来。另外在诊断时也不能图方便跳过某个步骤。你可能会找到一个问题，但它并不一定是导致所反映故障的真正原因。图省事找捷径多半会造成重复修理的后果。

诊断就是用最少的时间和最小的精力，一步一步地找到某个装置出现的问题。简而言之，就是将已掌握的知识（工作原理、动力传递和液压原理）一步一步地运用到所遇到的问题上。

自动变速器的基本故障诊断流程如下：初步检查－路试－修前诊断－拆解检查－维修－路试。

一、变速器综合性故障分析

自动变速器出现异常，通常表现为换档品质类故障、缺少档位类故障、换档滞后类故障。各种类型的故障原因各不相同。在分析故障时，应该按照顺序进行整体考虑，中间任何一个环节出现异常都可能导致故障的发生。自动变速器框架结构如图4-139所示。

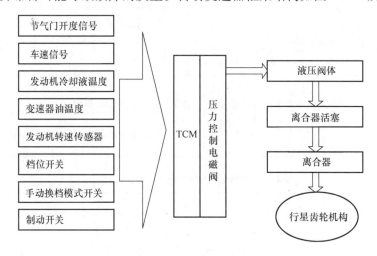

图4-139 自动变速器框架结构图

1. TCM报压力电磁阀卡滞类的故障码

（1）故障码列表

TCM通常报的压力电磁阀卡滞的故障如下：

DTC P0776：压力控制电磁阀 2 卡在断开位置

DTC P0777：压力控制电磁阀 2 卡在接通位置

DTC P0796：压力控制电磁阀 3 卡在断开位置

DTC P0797：压力控制电磁阀 3 卡在接通位置

DTC P2714：压力控制电磁阀 4 卡在断开位置

DTC P2715：压力控制电磁阀 4 卡在接通位置

DTC P2723：压力控制电磁阀 5 卡在断开位置

DTC P2724：压力控制电磁阀 5 卡在接通位置

（2）故障码检测机理

变速器控制模块通过指令电磁阀来控制要结合的离合器，以形成期望档位的传动比。如果变速器控制模块通过输入轴转速传感器和输出轴转速传感器信号来计算的传动比与期望的传动比不一致，就会报出相应的电磁阀卡滞的故障码。P0776、P0777 故障码的故障原因见表 4-8，P0796、P0797 故障码的故障原因见表 4-9，P2714、P2715 故障码的故障原因见表 4-10，P2723、P2724 故障码的故障原因见表 4-11。

表 4-8　P0776、P0777 故障码的故障原因

故障码	部件	状况
P0776；P0777	控制阀体总成	3－5－倒档调节阀卡住/卡滞－碎屑、粘结、阀损坏或孔划伤
P0776；P0777	控制电磁阀总成	1）离合器压力控制电磁阀2 2）O形密封圈泄漏 3）阀体过滤板总成开裂、堵塞或衬垫密封件损坏
P0776；P0777	控制阀体总成	1）执行器限制供油电路提供油液以致电磁阀阻塞或无法使用－碎屑或沉淀物堵塞 2）3－5－倒档调节阀不在接合位置－碎屑、粘结、阀损坏或孔划伤 3）控制阀体单向球阀未正确就位－碎屑
P0777	变矩器（带油泵）壳体总成	油泵壳体/齿轮损坏/伤孔
P0776	3－5－倒档和4－5－6档离合器壳体总成	3－5－倒档离合器底板卡环未就位，导致离合器组件超程

表 4-9　P0796、P0797 故障码的故障原因

故障码	部件	状况
P0796；P0797	控制阀体总成	4－5－6档及倒档调节阀卡住/卡滞－碎屑、粘结、阀损坏或孔划伤
P0796	输入轴支座	输入轴塔形密封件磨损或泄漏
P0796；P0797	控制电磁阀总成	1）离合器压力控制电磁阀3 2）O形密封圈泄漏 3）阀体过滤板总成开裂、堵塞或衬垫密封件损坏

（续）

故障码	部件	状况
P0796	4-5-6 档离合器壳体总成	4-5-6 档离合器活塞总成损坏/ 泄漏
P0796	变速器冷却/ 润滑	1) OAC（油液至空气）冷却器/ 散热器堵塞/ 泄漏 2) 变速器油冷却器软管堵塞/ 泄漏/ 扭结/ 损坏 3) 变速器油泵总成堵塞/ 泄漏
P0796	变矩器（带油泵）壳体总成	1) 油泵壳体叶片/ 转子/ 滑槽损坏/ 划伤 2) 由于温度过高，油泵或变矩器压力过大
P0796	4-5-6 档反作用托架毂总成	4-5-6 档反作用托架毂/ 轴-毂焊接断裂
P0796	自动变速器油滤清器总成	油滤清器或滤清器密封件松动或损坏
P0796	3-5-倒档和 4-5-6 档离合器壳体总成	4-5-6 档离合器底板卡环未就位/定位，导致离合器组件/ 活塞超程

表 4-10　P2714、P2715 故障码的故障原因

故障码	部件	状况
P2714；P2715	控制阀体总成	2-6 档及调节阀卡住/ 卡滞、碎屑、粘结、阀损坏或孔划伤
P2714；P2715	控制电磁阀总成	1) 控制信号供油泄漏 - 阀体过滤板总成开裂或衬垫密封件损坏 2) O 形密封圈泄漏
P2714；P2715	变速器壳体、2-6 档离合器活塞、弹簧卡环、反作用太阳轮	1) 2-6 档回位弹簧卡环未固定在槽内 2) 2-6 档离合器活塞总成 - 密封件损坏或泄漏 3) 2-6 档离合器片磨损或损坏 4) 2-6 档离合器片将无法自由在反作用太阳轮壳上滑动
P2714	变速器壳体和 1-2-3-4 档离合器底板卡环	1-2-3-4 档离合器底板卡环未正确固定/ 定位至变速器壳体槽
P2714	变矩器（带油泵）壳体总成	油泵壳体/ 齿轮损坏/ 伤孔
P2714	自动变速器油滤清器总成	油滤清器或滤清器密封件松动或损坏

表 4-11　P2723、P2724 故障码的故障原因

故障码	部件	状况
P2723；P2724	控制阀体总成	1-2-3-4 档调节阀卡住/ 卡滞 - 碎屑、粘结、阀损坏或孔划伤
P2723；P2724	控制电磁阀总成	1) O 形密封圈泄漏 2) 阀体过滤板总成开裂、堵塞或衬垫密封件损坏
P2723	低速档、倒档和 1-2-3-4 档离合器壳体总成	1-2-3-4 档离合器活塞开裂/ 损坏/ 泄漏
P2723	输出太阳轮总成	壳体/ 毂焊接开裂/ 泄漏

（续）

故障码	部件	状况
P2723	变速器壳体和1-2-3-4档离合器底板卡环	1-2-3-4档离合器底板卡环未就位/定位，导致离合器组件/活塞超程
P2723	变矩器（带油泵）壳体总成	1）油泵壳体/齿轮损坏/伤孔 2）由于温度过高，油泵或变矩器压力过大
P2723	自动变速器油滤清器总成	油滤清器或滤清器密封件松动或损坏

2. TCM报换档电磁阀卡滞类故障码

（1）故障码列表

TCM通常报的变矩器离合器卡滞的故障如下：

DTC P0751：换档电磁阀1性能-卡在断开位置

DTC P0752：换档电磁阀1性能-卡在接通位置

（2）故障码检测机理

1）P0751，当指令1档且最近传动比为4档时，变速器控制模块转差速度大于400r/min持续1.5s。这种情况必须出现八次。

2）P0752当指令3档时，变速器控制模块检测到转差速度大于400r/min持续1.5s。这种情况必须出现五次。

P0751、P0752故障码的故障原因见表4-12。

表4-12 P0751、P0752故障码的故障原因

故障码	部件	状况
P0751；P0752	控制阀体	离合器选择阀卡住-碎屑、沉淀物、粘结或孔划伤
P0751	控制阀体	孔塞-离合器选择阀-缩小尺寸的孔塞导致泄漏
P0751	控制阀体单向球#1	缺失、损坏/缺陷，阀体座损坏/泄漏
P0751；P0752	控制电磁阀总成	1）无压力-卡在断开位置或泄漏 2）不排油-卡在接通位置 3）控制信号供油泄漏-阀体过滤板总成开裂或衬垫密封件损坏
P0751；P0752	控制阀体	低速档和倒档以及4-5-6档离合器调节阀卡滞或卡住-碎屑、沉淀物、粘结或划伤孔

3. 换档品质类故障

换档品质，就是指换档时感受方面的质量。常见的换档品质又分为换档冲击类和打滑类。

（1）冲击类故障

冲击类的故障一般都是离合器或制动器工作过快导致的。影响离合器或制动器结合过快的原因主要有系统油压过高、离合器间隙过小等。

油压过高可能的故障原因如下：

1）ECM或TCM内部检测到有故障码，模块处于保护模式，变速器油压最高，不再进行调节。对于这类故障，因按照维修手册诊断信息与程序的指导进行维修检查。在查找维修手册信息时，重点关注手册故障码的设置条件，理解故障码设置的条件，对可能的条件进行逐一排查。

2）管路压力电磁阀卡滞或主油路油压调节阀出现卡滞，也可能导致油压出现异常偏高的故障。这类故障往往表现为间隙性故障。

3）发动机也可能导致 TCM 调制的主油路油压过高。比如发动机怠速过高或电子节气门体出现卡滞等现象。往往这类故障并没有生成故障码。发动机方面的这些影响因素，因排查起来比较容易下手，所以应该优先检查。

（2）打滑类故障

换档品质另一类常见的故障显示就是打滑故障。变速器打滑，就是离合器或制动器在结合时因对离合器片的压紧力不足导致的未完全结合的故障现象。变速器初期打滑时，驾驶人可能最直接的感受是档位上去了，发动机转速过高，车速确没有对应地上去。打滑故障对变速器影响很大，只要出现打滑现象，变速器离合器片或制动片、制动带就会很快被磨损，后期就会出现油道堵塞或离合器、制动器失效而不能行车或缺失某个档位的故障。因此出现变速器有打滑感时，应该立即对车辆进行检查维修。

离合器或制动器打滑一般都是由离合器或制动器活塞油压不足导致的。油压过低，可能的故障原因如下：

1）变速器机油滤清器堵塞。

2）机油泵磨损。

3）管路压力电磁阀卡滞。

4）主油路油压调节阀出现卡滞。

5）离合器活塞壳体泄压。

6）活塞密封圈磨损导致泄压。

7）其阀体到离合器活塞之间的管路出现泄压等等。

打滑又可细分为全部打滑和局部打滑。全部打滑，可能是所有的离合器或制动器功用的部分有故障，例如，机油滤清器堵塞、机油泵磨损严重、管路压力电磁阀或油压调节阀卡滞以及主油路之间的密封管路泄压等。局部某一个或几个档位出现打滑现象，可能的故障原因是执行该档位或某几个档位功用的一个离合器或制动器出现故障。只要检查该离合器或制动器的管路、活塞以及密封壳体就可以。

4. 档位缺失类故障

档位缺失类故障又分为部分档位缺失和全部档位缺失两大类。

档位缺失。为了确认是哪个档位丢失，可通过变速器数据流进行分析。RDS 显示的指令档位，是变速器模块根据当前的车速、负荷决定的档位，GF6 RDS 有关档位传动比的数据如图 4-140 所示。而传动比是指变速器在该档位正常时的比值。变速器齿轮比是 TCM 依据输入、输出轴转速传感器计算出来的比值。正常情况下，传动比应该与变速器齿轮比的值一致。反过来，如果不一致，说明当前档位有问题。如果变速器齿轮比与其低一个或两个以上档位的传动比一致，就说明虽然 TCM 指令了一个较高的档位，但变速器实际还在较低的档位运行。如果变速器齿轮比与其所有的档位传动比都不一致，就说明变速器出现了打滑现象。

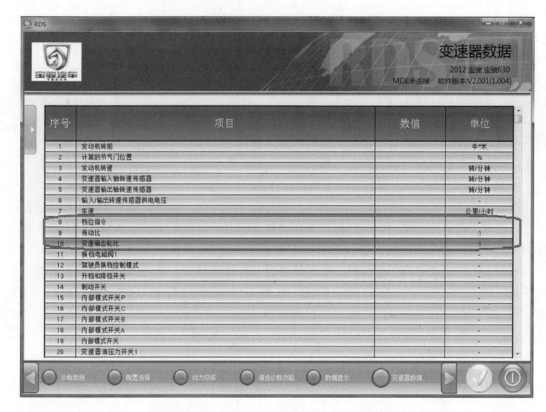

图 4-140　GF6 RDS 有关档位传动比的数据

部分档位缺失，可能的故障原因如下：

1）相应的电磁阀卡滞。

2）相应的机械阀芯卡滞。

3）相应的离合器活塞及离合器片故障。

4）相应的制动器活塞及制动带故障。

5）离合器或制动器对应的行星齿轮组故障。

6）液压阀体到离合器或活塞的连接的管路出现堵塞或严重泄漏的故障等。

如果是所有的档位都缺失，可能的故障原因如下：

1）换档拉索调整不当。

2）变速器油液面过低。

3）变速器滤清器堵塞。

4）机油泵故障。

5）变矩器涡轮轴花键磨损。

6）输入轴部件花键磨损。

7）变速器输出部件花键磨损等。

5. 换档滞后类故障

换档滞后，就是在一定的节气门开度下，车速达到一定值时变速器应该由某一个低档位切换到一个较高的档位，但是并没有立即进行升档，而是车速高于一定值才进行换档。

可以通过 RDS 读取变速器数据中的节气门开度和车速进行准确的判断是否滞后，GF6 RDS 有关换档时机的数据如图 4-141 所示。可以通过与一台正常车辆进行相同节气门开度、相同路况下进行路试数据做对比，观察其升档时的车速，正常情况下，两台车升相同档位时的车速应该很接近，如果偏差过大，就可以确认是换档时机出现异常。

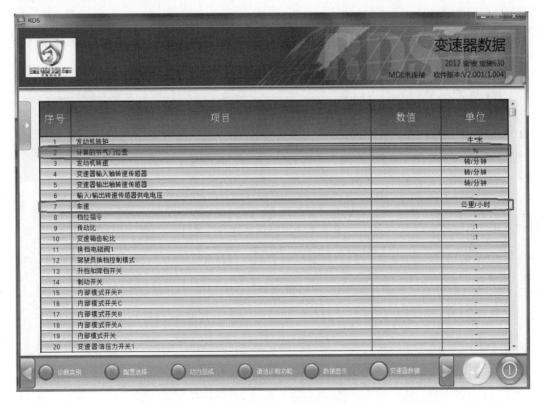

图 4-141 GF6 RDS 有关换档时机的数据

换档滞后的根本原因就是当车速达到一定值，节气门开度相对于正常值偏大导致的。导致节气门开度偏大的原因如下：

1）节气门传感器信号偏差。

2）发动机动力不足。

3）变矩器传动效率低等。

发动机动力不足又可从点火、喷油、气缸压力等方面考虑。变矩器传动效率低下的原因是导轮单向离合器出现双向打滑或双向卡滞的故障。

6. 变矩器离合器故障

变矩器离合器常见的故障又可分为不结合、打滑、锁止不能释放和变矩器结合时振颤四种。

分析变矩器离合器故障时，通常借助 RDS 读取 TCC 管路压力电磁阀的指定压力、发动机转速、变速器输入轴转速和变矩器离合器转差数据来分析，GF6 RDS 有关 TCC 数据如图 4-142所示。

正常状态下变矩器离合器数据特性如下：

1）TCC 工作，TCM 控制 TCC 管路压力电磁阀的指定压力其值一般大于 500kPa，发动机转速值与变速器输入轴转速值，比较接近，也就是变矩器离合器转差速度值小于50r/min，如果该值大于150r/min 时，TCM 就会报出 DTC P0741，其含义为 TCC 系统卡在分离位置。

2）TCC 不工作，TCM 控制 TCC 管路压力电磁阀的指定压力其值一般在 0kPa，此时发动机转速值与变速器输入轴转速值相差比较大或不稳定（这与行驶的工况有关），也就是变矩器离合器转差速度值较大或不稳定，如果该值在 −20～30r/min 之间，TCM 就会报出 DTC P0742，其含义为 TCC 系统卡在结合位置。

图 4-142　GF6 RDS 有关 TCC 数据

（1）变矩器离合器不结合

变矩器离合器不结合又分为 TCM 不执行离合器结合和 TCM 执行了结合命令，但实际没有结合两类。

1）如果变速器的工作条件满足了执行器结合，但 TCM 没有执行，可能的故障原因是 TCM 检查到了一些故障码，处于保护模式运行不执行 TCC 结合；然后检查变速器油液温度、变速器模块温度、发动机冷却液温度、车速信号、节前门开度信号、制动踏板信号是否正常。

2）如果通过数据流发现 TCM 已经指令变矩器结合，但变矩器离合器转速差仍偏大，可能的原因如下：

① TCC 机械阀芯卡滞在分离状态。

164

② TCC 电磁阀卡滞在分离状态。

③ 变矩器离合器压盘磨损严重。

④ 变矩器离合器油路密封件失效。

TCC 机械阀芯可通过拆解机油泵和液压阀体检查其阀芯是否存在卡滞，TCC 电磁阀只能采取更换电磁阀总成的方法进行判断，拆解检查变矩器离合器油路密封件是否完好。若以上检查没有发现异常（因变矩器内部不可拆解），只能通过更换变矩器总成进行验证。

（2）变矩器离合器打滑

影响变矩器离合器打滑的原因如下：

1）变矩器螺栓过长，损坏离合器接合表面。

2）涡轮轴 O 形密封圈有切口或损坏。

3）变矩器离合器压盘磨损严重。

4）变矩器离合器与输入轴的花键磨损严重。

5）变矩器离合器油路密封件失效。

（3）变矩器离合器锁止不能释放

如果变矩器离合器锁止不能释放，在车辆起步时可能导致挂档熄火或行驶中踩制动踏板熄火的故障现象。导致变矩器离合器锁止不能释放的原因如下：

1）TCC 机械阀芯卡滞在结合状态。

2）TCC 离合器调节阀卡滞在结合状态。

3）TCC 电磁阀卡滞在结合状态。

（4）变矩器结合时振颤

诊断 TCC 颤振故障的关键是注意其发生的时间和条件。TCC 颤振应仅在变矩器离合器接合、分离条件下发生。TCC 完全锁止后（转差速度大约 0r/min），颤振应不再发生。

1）如果颤振出现在 TCC 接合过程中，故障可能的原因如下：

① 分离节流孔阻塞。

② 由于挠性板至变矩器的螺栓过长，导致离合器或变矩器盖变形。

③ TCC 片上的摩擦材料有缺陷。

2）如果 TCC 锁止后出现颤振，在小节气门开度和轻载条件下，发动机出现的故障可能不明显，但在上坡或加速过程中，TCC 锁止后，发动机问题变得较为明显。

二、基本检查

有些故障往往是比较简单，存在于容易忽视的地方，如果检查不到位，可能导致严重的故障。检查的项目有换档拉索的检查、液面高度、品质和泄漏的检查、诊断仪诊断等。

1. 换档拉索的检查调整

将变速杆置于各档，感觉变速器上棘爪的反应。用 RDS 观察显示的档位是否与实际变速杆的位置一致。如果有异常，进行调整。

当更换换档拉索或进行相关的维修时，必须执行换档拉索的调整。如果安装或调整不当，变速杆就不能到达合适的位置，出现变速器某些功能的异常。换档拉索调整螺钉如图 4-143 所示。

换档拉索的位置必须与车上的变速杆和变速器上选档杆相配合，才能正确选档。将变速

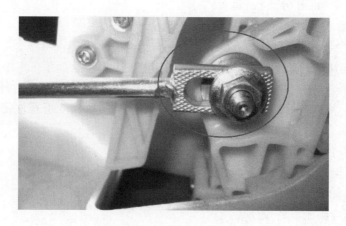

图 4-143 换档拉索调整螺钉

杆放在驻车档（P 位）并检查选档杆接头。确定其处于最前位置。否则，按如下程序调整。

1）断开蓄电池负极电缆。

2）拆卸前地板控制台。

3）将变速杆放在驻车档（P 位）。

4）松开换档拉索调节螺母。

5）前后拉动换档拉索以调整换档间隙，注意此过程当中需要确保变速杆仍在驻车档位置。

6）拉紧换档拉索并紧固其调节螺母。将换档拉索调节螺母紧固至 15N·m。

7）安装前地板控制台。

8）连接蓄电池负极电缆。

2. 检查液位高度

此项检查的主要目的是确定变速器油液是否充足。在变速器运行至正常温度时检测结果最准确。

正常情况下，不必检查变速器的油位，车辆并不消耗变速器油。但是，如果变速器工作不正常，例如变速器打滑或换档迟缓，或者察觉到变速器漏油迹象应该检查变速器油。

当变速器油温度达到 85~95℃ 时，检查变速器油位。

太低的液位会影响变速器的工作，造成油压过低，执行元件打滑甚至烧毁，导致整个变速器失效。太低的液位表明有可能有油液泄漏，需要进行泄漏检测。

液位过高时，变速器转动件的搅油作用可能造成油液中混入空气，从而导致控制压力异常，严重也会造成执行元件打滑烧毁。同时，掺气的油液还可能被从通气孔挤出。

搭配宝骏 630 的 GF6 没有变速器油尺，检查时必须通过位于变速器侧部的检查螺钉来检查油位。检查的步骤如下：

1）起动发动机。

2）踩下制动踏板，将变速杆换遍所有档位，并在每个档位停留约 3s。将变速杆挂回驻车档。

3）使发动机以 500 ~ 800r/min 的速度怠速运行至少 3min，从而使油液泡沫消散和油位稳定。松开制动踏板。

注意：如果变速器油温度读数不是期望温度，使车辆冷却或运行车辆直至变速器油温度达到合适值。如果油液温度低于规定范围，执行以下程序以使油液温度达到规定值。在二档下行驶车辆直到油液温度达到规定值。

4）使发动机保持运转，用故障诊断仪观察变速器油温度（TFT）。

注意：当 TFT 为 85 ~ 95℃ 时，必须检查变速器油位。如果变速器油温度不是此温度值，操作车辆或使油液按要求冷却。如果在变速器油温度超过此温度时设置油位，将导致变速器油加注不足或加注过量。变速器油温度 95℃ 加注不足，变速器油温度 85℃ 加注过量。加注不足的变速器将导致部件过早磨损或损坏。加注过量的变速器将导致油液溢出通风管、油液起泡或泵的气穴现象。

5）用举升机举升车辆。发动机运转且变速杆挂驻车档时，车辆必须置于水平位置。

6）车辆怠速运行时，拆下油位设置螺塞。如果油液稳定地流出，等待直到油液开始滴落。如果没有油液流出，添加油液直到油液滴落。

7）检查油液颜色。油液应为红色或深棕色。

如果油液颜色很深或发黑还有燃烧的气味，检查油液是否有多余的金属微粒或其他碎片。少量"摩擦"生成的物质属正常情况。如果在油液中发现大片金属碎片，冲洗油冷却器和冷却器管路，然后大修变速器。如果没有发现变速器内部损坏的迹象，则更换油液、修理油冷却器并冲洗冷却器管路。

如果油液呈现出絮状或乳液状或看起来像是被水污染，则表示发动机冷却液或水污染。检查是否存在外部泄漏。

3. 检查变速器油品

观察变速器油的颜色和气味。油液应该是暗红色且颜色清亮的，而不应是褐色或黑色。如果变速器油液呈现粉红色，表明可能其中掺有水分，应检查散热器的状况。自动变速器油液出现糊味表明过热故障或离合器片故障。

如果变速器油里有微粒或有污染迹象，则应拧开变速器的排液螺塞，让变速器油取样经滤纸过滤，并进行检查。如果变速器油里有冷却液或颗粒证实变速器故障，则必须彻底地清洁并检修变速器（包括清洁、清洗变矩器和变速器冷却系统）。

4. 诊断仪的检测

使用 RDS，对 TCM 进行故障码的读取。如果有故障码，记录故障码后，清除故障码，如果不能被清除，则优先进行故障码的维修，具体的执行故障码的诊断步骤。如果可以被清除，应该进行路试，查看是否再次出现相同的故障码，如果出现相同或不同的故障码，则优先进行故障码的维修。在读取 TCM 发现无故障码时，不要忘记与之密切相关联的 ECM 进行故障码的读取，如果 ECM 出现可能导致变速器发生不适的故障现象时，应优先维修 ECM 的故障码。如果维修完毕，并且彻底排除发动机的故障码，则要进行变速器系统的诊断。

对于有故障码的车辆，维修时请参考维修手册中"诊断信息与程序"所指导的诊断流程进行故障诊断。

5. 发动机基本检查

有些发动机的故障也能导致变速器出现异常感觉，初步检查必须包括发动机的检查。发动机的初步检查：检查其怠速。原地加速等状况是否良好，电子节气门体的检查与清洁。检查发动机控制模块故障码。

6. 路试

进行基本检查未发现异常时，就要和用户进行路试，以确定用户所描述的故障是否真实存在，是否是正常现象。路试最好与客户所描述的路况、工况、环境等相吻合，这样故障表现得会更明显一些。同时也可以借助诊断仪 RDS 进行数据流的查看，观察数据是否有异常。当和用户验证了确实存在故障，之后就是执行修前诊断。

三、故障诊断手段

故障诊断是变速器故障维修的前提。只有熟悉、理解变速器的特性及工作原理后，才有可能进行变速器的诊断，它是变速器故障维修的最为复杂的过程，需要技师有较高的专业知识，利用不同的测试检查手段，不断缩小故障范围，当缩小到一定范围内，就需要拆解检查来进一步验证之前的判断是否正确。解体前把故障范围缩小得越小，拆解后越能准确、快速地发现故障。通常所采用的测试诊断手段有诊断仪诊断、失速测试诊断、变速器油液压力测试诊断、时滞测试诊断、气压测试诊断、电气功能诊断等。

1. 诊断仪诊断

用诊断仪读取变速器内的故障码或数据流是否正常。读取变速器油温是否正常，如果存在故障码，应该先分析、检查排除故障码。有时变速器的机械故障可能也会导致出现故障码，因此电气功能诊断是变速器解体维修的基础。

先进行该程序，以保证变速器电气部件功能正常。

1）连接故障诊断仪。

2）确保变速杆在 P 位（驻车档），且已使用驻车制动器。

3）起动发动机。

4）检查并确认可获得下列故障诊断仪数据且功能正常。

有问题的数据表明可能有故障。重点关注一下数据，如果你对所看到的数据不理解，也可以将该数据录制并与已经录制正常车的数据做对比分析进行判断。注意两台车的状态不一致，某一些数据也是不同的，这是正常现象。

2. 油压测试诊断

变速器油/机械诊断的一个重要部分是检测变速器油液的压力。连接油压表到变速器管路压力检查口处（图 4-144），测量变速器在怠速时 R 位、D 位的油压。宝骏 630 GF6 怠速 D 位时油压应在 400~500kPa，R 位时大约在 450~600kPa（此值为参考值，并非标准值）。

如果所测量的油压正常，则需要连接诊断仪，进行诊断仪的驱动测试油压。通过管路压力测试结果，可以分析造成问题的原因有哪些。GF6 RDS 驱动测试主油压如图 4-145 所示。

注意：进行失速转速测试前进行油路压力测试。如果油路在怠速时压力较低，就不能进行失速转速测试，否则会进一步损坏变速器。在变速器的任何档位上不能让节气门全开的状

图 4-144 油压表

态保持五秒以上。

　　注意：始终踩下并保持制动器，以防止车辆意外移动。如果车辆意外移动，可能导致人身伤害。

图 4-145 GF6 RDS 驱动测试主油压

1）安装故障诊断仪。

2）起动发动机。

3）检查变速器油位是否合适。

4）使用故障诊断仪检查所有起动或存储的故障码。

5）检查变速器手动机构功能是否正常。

6）关闭发动机。

7）拆下管路压力测试孔塞。

8）安装变速器机油压力表（变速器最高油液可达 2400kPa，应选择合适量程的压力表）。

9）选择故障诊断仪"变速器管路压力控制电磁阀输出控制"。

10）起动发动机。

重要注意事项：为了获得精确的管路压力读数，必须执行以下程序至少三次以获取统一的压力读数。故障诊断仪仅能在 P 位和 N 位且发动机转速低于 1500r/min 的状态下控制管路压力控制电磁阀，从而避免离合器管路压力过高或过低。

1）以约 100kPa 的增量，用故障诊断仪增大和减小管路压力控制电磁阀。故障诊断仪指令自动增加或减小。

2）在增加或减小管路压力过程中保持压力稳定。

3）将故障诊断仪上的压力读数与变速器机油压力表上的读数进行对比。

4）关闭发动机。

5）拆下变速器油压表。

如果所测试的油压偏低或无油压，那么可能的故障原因有机油泵磨损故障、油压调节器故障、机油滤清器堵塞故障、某个离合器活塞因壳体开裂、活塞密封圈老化或开裂或管路出现泄漏等故障。通过 RDS 驱动进行测试，还可以判断管路压力调节电磁阀是否存在卡滞的故障。

3. 失速测试

注意：失速测试一定要在保证安全的情况下进行。

在实际维修中车辆行驶性能下降往往被简单地判断为变速器问题，结果导致无效的维修。在判断变速器故障的时候首先要学会区分故障现象是由发动机还是变速器造成的，而失速试验为此提供了一个重要的诊断手段。

测试失速转速是为了判断发动机的性能和变矩器的运行是否正常，同时还检查离合器是否打滑。在进行这项测试前，要保证发动机冷却液位和变速器油位正确，两者都处于工作温度，且已确认油路内的压力正常。进行测试时，必须将行车制动器和驻车制动器都施加上，给驱动轮垫上挡块。

进行测试的方法如下：

1）GF6 的失速转速在（2050±150）r/min（此值为参考值，并非标准值）。

2）把变速杆移动到前进档和倒车档上，将加速踏板踩到底并保持住（不能超过 5s），让发动机达到最高转速。

注意：失速试验在发动机和变速器处于正常工作温度时方可进行。

进行失速试验前先做管路压力测试，如失速时管路压力过低，不要进行失速试验，以免引起变速器的进一步故障。

如果发动机转速超过最大规范值，要立刻抬起油门。表明有离合器打滑。

3）在自动变速器检查表上记录每次测试的结果（过高、过低或正常）。

注意：在每次完成测试后或者每次测试之间，应将变速杆置于 P 位或 N 位，发动机转速必须提高到 1000r 并保持 15～30s，要不然可能会由于过热损坏变速器。

4）失速转速过高，原因极可能在变速器内部，是元件打滑造成的。失速转速过低则可能是发动机的性能不良引起的，也可能是变矩器故障造成的。

5）失速试验基本可以检查以下项目的工作情况：变矩器单向离合器、发动机性能、变速器。

如失速转速过高，基本可以确定是变速器内部的故障，可能是离合器打滑、行星齿轮组损坏、液压系统泄压等。如果进一步判断故障，应该借助于压力测试，然后再进行拆解检查。如失速转速过低，先检查发动机动力性能。如发动机正常，可拆下变矩器，检查变矩器导轮的单向离合器有无打滑。

4. 时滞测试诊断

时滞测试也是我们诊断自动变速器的重要测试之一，这种测试主要用来测试换档平顺性故障。

例如，挂入档位后车辆反应迟钝，不能马上进入行驶状态；在行驶过程中换档不平顺，冲击较大。在发动机怠速运转时变速杆由 N 位移动到 D 位，要有一段时间的延迟才能使自动变速器完成档位结合，这一短暂的时间延迟我们称为迟滞时间，如图 4-146 所示。自动变速器进入档位时需要一段时间来消除间隙和建立油压，因此迟滞时间是每个变速器都有的。时滞测试就是测试出自动变速器的迟滞时间，根据迟滞时间的长短来判断换档元件工作是否正常。如果离合器片因磨损导致间隙过大，可能入档位的时间就长，行驶起来就可能有打滑的感觉。也可能是管路压力过低，导致入档时间过长，这就需要执行前边所述的压力测试诊断程序，以验证是否由于压力过低导致。通常自动变速器的始终时间应在 1.2～1.5s 之间。

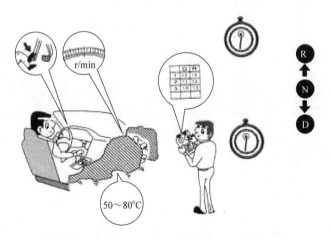

图 4-146 自动变速器时滞试验

5. 手动换档测试

当变速器出现了故障，对于 GF6 来说，可以借助手动换档模式来进行换档测试，手动变速杆如图 4-147 所示。

比如车辆出现挂前进挡（D 位）不走车的故障。首先应该清楚，挂 D 位，变速器当前是以 1 档进行起步的。1 档不能起步，可能是整个基本的液压系统出现故障，比如油泵磨损严重、变速器滤清器堵塞等。此时你应该首先将变速器置于倒档（R 位），看是否可以倒车。如果可以，说明基本共用的液压系统无故障，排除了基本的液压系统出现故障，比如油泵磨损严重、变速器滤清器堵塞等情况的可能性。故障发生的部位可能是 1 档与倒档执行器、行星齿轮组等不共用的部位。这样可以借助部件元件作动表，来进一步分析故障的可能性。同时接触手

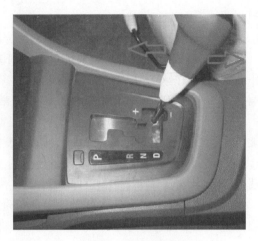

图 4-147　手动变速杆

动换档开关，让变速器不是以 1 档起步，可以是 2 档或 3 档进行起步。如果可以起步，那么可以排除 1 档与 2 档、3 档共用部件故障的可能性。

6. 诊断仪驱动换档测试

因手动换档模式开关，原地只允许最高在 3 档，可以接触 RDS 输出控制功能，让变速器在原地以 4 档、5 档、6 档档位起步，以排除一些部件故障的可能性。GF6 RDS 驱动升降档测试如图 4-148 所示。

图 4-148　GF6 RDS 驱动升降档测试

7. 强行进入故障模式测试

有时可以强制使变速器进入故障模式来辅助判断故障。注意，GF6 发动机已起动状态，才能拔下 TCM 插头。如果在起动车辆前就拔下 TCM 插头，因 ECM 与 TCM 无法通信，TCM 不能把 P 位、N 位信息传输给 ECM，ECM 不会控制起动机运行的。此时使变速器的油压最高，原地以倒档和 5 档的档位起步，看看能否使车辆移动来排除一些故障的可能性。

如果在刚才的测试中发现，变速器以 1 档、2 档、3 档、4 档分别起步时都不能起动，5 档、6 档、R 位都可以起步，那么 1 档、2 档、3 档、4 档所共有的部件出现的故障几率最高。

这样在拆解维修变速器前，所重点检查的范围就会进一步缩小，这样就更容易准确的找到故障所在的点，提高诊断的效率和准确性。

8. 气压测试诊断

在拆解变速器时，不要急于把变速器全部解体。在拆卸 GF6 阀体后，利用气压测试诊断来检查可疑部件，来核实一下该部件是否有问题，如图 4-149 所示。

在拆卸变速器阀体后，壳体上找出执行元件气压测试口，施加气压确认离合器能否工作。如果在加压时听到发闷的"砰"声说明元件没有问题。如听到"嘶嘶"声或没有听到任何声音，说明元件可能破损或磨损，需进行进一步的拆解检查。

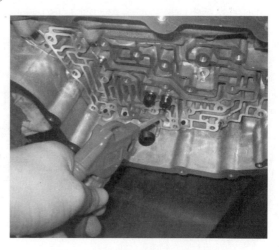

图 4-149　气压测试

9. 利用执行元件表进行诊断

通过各执行元件动作表（表 4-13），我们在分析故障时，可以利用彼此综合的相互关系，来分析可能的故障点，如图 4-152 所示。比如，变速器出现 1、2、3 档都可以正常行车，但是没有 4、5、6 档。通过此表可知，在 4

表 4-13　执行元件动作表

变速杆位置	档位	C4 – 5 – 6	C3 – 5 – R	C2 – 6	CL – R(OWC)	CL – R	C1 – 2 – 3 – 4
P	P					结合	
R	R		结合			结合	
N	N					结合	
D	1st				Holding[2]		结合
	1st[1]				Holding	结合[1]	结合
	2nd			结合			结合
	3rd		结合				结合
	4th	结合					结合
	5th	结合	结合				
	6th	结合		结合			

① 发动机制动。

② Holding – 单向离合器保持。

档时的执行元件有 C4 – 5 – 6 和 C1 – 2 – 3 – 4 离合器，这两个部件哪一个有故障，都会导致没有 4 档。而 1、2、3 档共用的部件是 C1 – 2 – 3 – 4 离合器，1、2、3 档又是正常的，说明 C1 – 2 – 3 – 4 离合器是正常的。再由，因 4、5、6 档都没有，并且 4、5、6 档共用的部件是 C4 – 5 – 6 离合器，所以，C4 – 5 – 6 离合器故障的可能性极大。

四、综合性故障诊断应用

自动变速器出现故障，导致某一故障现象的原因错综复杂，故障诊断就是利用种种测试手段逐步排除、把故障范围逐渐缩小的过程。下面结合上述诊断手段对变速器常见的一些综合性故障进行程序化诊断流程。

1. 换档品质类故障诊断流程

换档品质类故障诊断流程如图 4-150 所示。

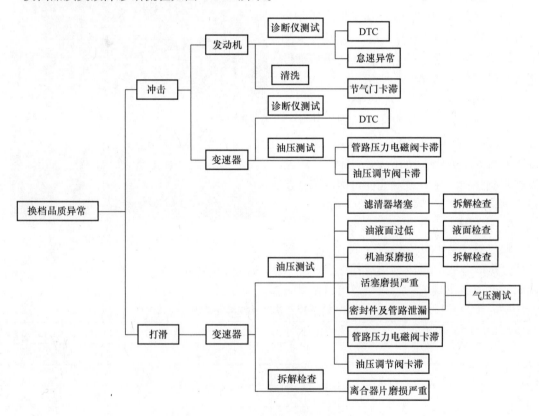

图 4-150　换档品质类故障诊断流程

2. 档位缺失类故障诊断流程

档位缺失类故障诊断流程如图 4-151 所示。

3. 换档滞后类故障诊断流程

换档滞后类故障诊断流程如图 4-152 所示。

五、变速器修复

在之前的修前诊断，利用了多种诊断方法，逐渐缩小故障范围后，就是进一步的拆解，

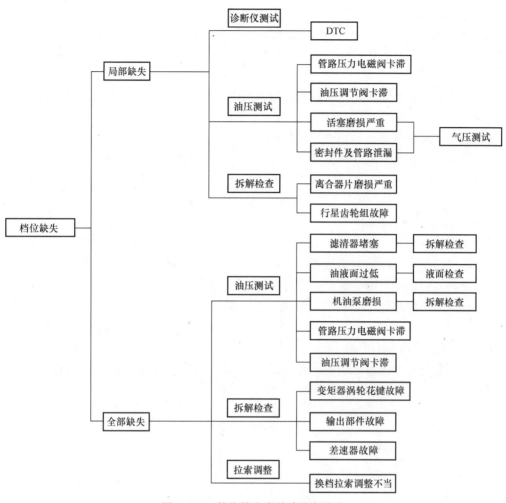

图 4-151 档位缺失类故障诊断流程

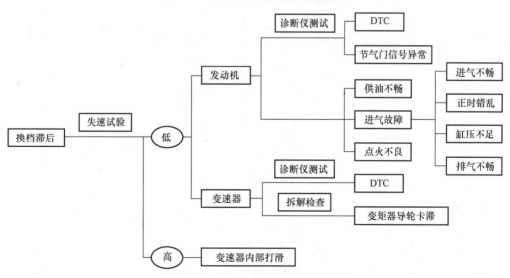

图 4-152 换档滞后类故障诊断流程

进一步的发现故障。在确定故障时，对于比较明显的故障，比如轴的断裂、花键齿的严重磨损等可以直接观察到。对于一些细微的故障，就需要借助工具进行测量来发现故障。故障进行维修时，需要执行规范的检查、调整、装配程序，以保证维修质量。

维修后的车辆装配完成，加注变速器油液，RDS 执行自适应学习后，需进行仔细的路试，尽量寻求在维修之前与用户所描述的相同条件下行驶，这样可以大大提升故障彻底解决的可能性。

变速器维修是极其繁杂的操作，宝骏 630 的维修手册中详尽描述了所有部件的维修操作步骤及要领，由于篇幅有限，在此不再做详尽阐述，具体请查阅维修手册，按照手册的指导进行修复。下面是例举一些日常维修中相对较频繁、大家容易忽视的几项维修操作步骤与要领。

1. 变速器冷却器的清洗

当变速器出现打滑，导致油液有明显的烧糊味时，在修理完变速器主体后，一定要将冷却器进行清洗。否则，冷却器因烧糊的杂质而堵塞，将会导致变速器油液不能很好的流动和润滑，这样将会对修理后的变速器造成再次的过早损坏。

可以利用工业酒精或干净的变速器油，反复冲洗冷却器，直到流出的油液不再有杂质为止。

2. GF6 机油滤清器的更换

注意，要想更换变速器滤清器，必须拆解变速器才能进行更换。拆卸滤芯时，需要将滤芯器转过 90°后才能在油泵壳体中分离。GF6 机油滤清器如图 4-153 所示。

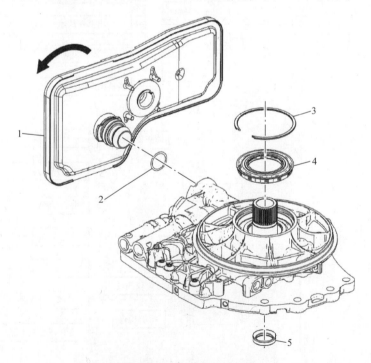

图 4-153　GF6 机油滤清器

1—油滤清器总成　2—自动变速器油滤清器密封件　3—变矩器油封固定件　4—变矩器油封　5—变矩器油封总成

3. 控制电磁阀和变速器控制模块总成的更换拆卸程序

（1）拆卸程序

1）断开蓄电池负极电缆。

2）举升并支撑车辆。

3）拆下前保险杠蒙皮加长件。

4）排空变速器油。

5）将机油冷却器进口 1 和出口 2 软管从控制阀体盖的固定件 3 上拆下，如图 4-154 所示。

6）断开控制阀体变速器控制模块电气插接器，然后将线束从盖上断开，如图 4-155 所示。

7）拆下控制阀体盖螺栓 1，如图 4-156所示。

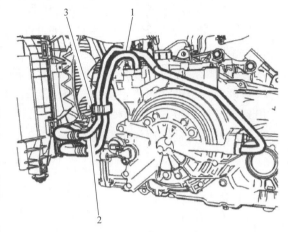

图 4-154 控制电磁阀

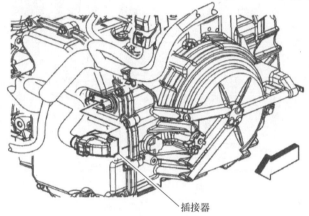

图 4-155 变速器控制模块

8）拆下控制阀体盖 2，如图 4-156 所示。

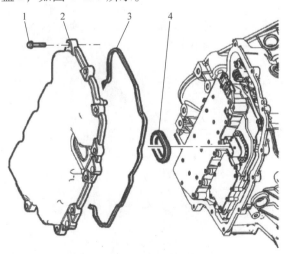

图 4-156 控制阀体盖

1—螺栓 2—阀体盖 3—衬垫 4—密封件

9）拆下控制阀体盖衬垫3。告诫：拆下密封件时，支撑插接器附近的控制电磁阀总成。拉力过大会损坏内部电气连接，如图4-156所示。

10）拆下控制阀体盖线束插接器孔密封件4，如图4-156所示。

11）清除旧衬垫材料的所有痕迹。清洁变速器和控制阀体盖衬垫表面。

注意：报废密封件。除非你能保证密封件是完好的。

12）断开输出轴转速传感器电气插接器2，如图4-157所示。

13）断开换档位置开关电气插接器3，如图4-157所示。

14）断开输入轴转速传感器电气插接器1，如图4-157所示。

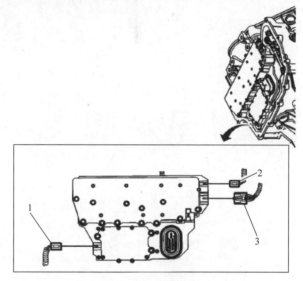

图4-157　变速器油底壳

1、2、3—插接器

15）拆下3个控制阀体螺栓1 M5×40.5，如图4-158所示。

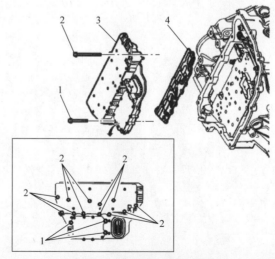

图4-158　变速器阀体分解图

1、2—螺栓　3—控制电磁阀总成　4—滤清器隔板

16）拆下 12 个控制阀体螺栓 2 M6×97，如图 4-158 所示。

17）拆下带变速器控制模块的控制电磁阀总成 3，如图 4-158 所示。

告诫： 在拆卸或安装滤清器隔板总成时要小心。破裂或缺失的固定凸舌不能完全将滤清器隔板固定至控制电磁阀总成，会导致损坏或污染。

注意： 报废密封件。除非你能保证密封件是完好的。

18）拆下控制电磁阀总成滤清器隔板 4，如图 4-160 所示。报废滤清器隔板，且不可再次使用。

19）检查压力开关密封件是否损坏或污染，必要时更换控制电磁阀总成。

20）检查筒状盖板螺栓的通孔是否损坏或烧损。任何损坏都可能导致泄漏。必要时进行更换。

（2）安装程序

告诫： 在拆卸或安装滤清器隔板总成时要小心。破裂或缺失的固定凸舌不能完全将滤清器隔板固定至控制电磁阀总成，会导致损坏或污染。

1）安装新的控制电磁阀总成滤清器隔板 4 以防止油液从油封处泄漏，如图 4-161 所示。

2）安装带变速器控制模块的控制电磁阀总成 3，如图 4-159 所示。

3）用手拧紧控制阀体螺栓 1，2，如图 4-158 所示。

4）固定 12 个控制阀体螺栓 2 M6×97 并且按顺序（圈码）紧固至 11N·m，如图 4-159 所示。

5）固定 3 个控制阀体螺栓 1 M5×40.5 并且按顺序紧固至 7N·m，如图 4-159 所示。

6）连接输入轴转速传感器电气插接器 1，如图 4-160 所示。

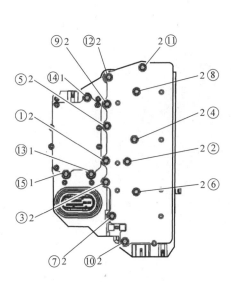

图 4-159 控制阀体螺栓图
1、2—螺栓

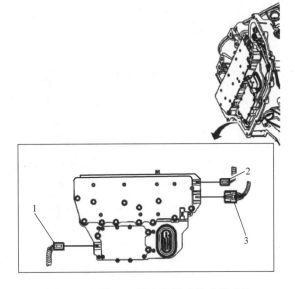

图 4-160 输入、输出轴转速传感器连接
1、2、3—插接器

7）连接输出轴转速传感器电气插接器 2，如图 4-160 所示。

8）安装控制阀体盖线束插接器孔密封件 4，如图 4-161 所示。

9）将控制阀体盖衬垫 3 安装至控制阀体盖，如图 4-161 所示。

10）安装控制阀体盖 2，如图 4-161 所示。

11）用手上紧控制阀体盖螺栓 1，如图 4-161 所示。

12）安装控制阀体盖螺栓，按顺序将螺栓紧固至 12N·m，如图 4-162 所示。

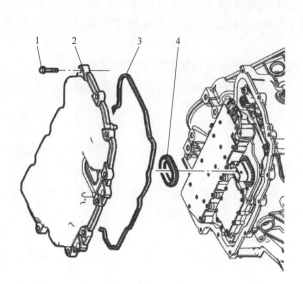

图 4-161　控制阀体盖安装
1—螺栓　2—阀体盖　3—衬垫　4—密封件

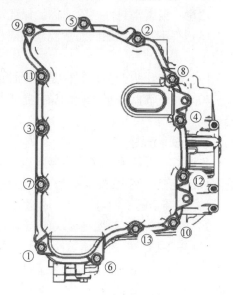

图 4-162　安装控制阀体盖螺栓

13）连接控制阀体变速器控制模块电气插接器，然后将线束夹到盖上，如图 4-163 所示。

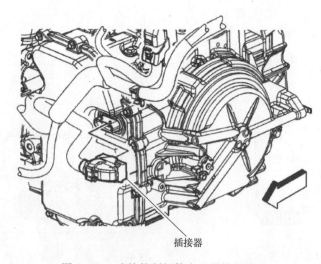

插接器

图 4-163　连接控制阀体变速器控制模块

14）举升车辆。

15）将油冷却器进口 1 和出口 2 软管安装至控制阀体盖的固定件 3，如图 4-164 所示。

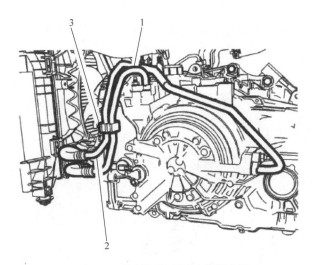

图 4-164 控制阀体盖油冷却器安装
1—进口 2—出口 3—固定件

16）安装前保险杠蒙皮加长件。

17）将正确油液加注到变速器中。

18）检查变速器油位。

19）降下车辆。

20）连接蓄电池负极电缆。

21）检查是否泄漏。

22）维修后，进行编程和设置程序。

23）执行变速器自适应值读入。

4. 变速器总成的更换

（1）拆卸程序

1）拆下蓄电池托架。

2）在不排出冷却液或拆下软管的情况下，拆下散热器储液罐并将其置于一旁。

3）将变速器选档杆拉索端子 1 从选档杆销上断开，如图 4-165 所示。

4）向里按压锁紧凸舌以将变速器选档杆拉索 2 从拉索托架上拆下，如图 4-165 所示。

注意：拆卸或安装选档杆固定螺母时，握住变速器选档杆。未握住选档杆将导致变速器内部驻车系统部件损坏，当置于驻车档时，该部件使车辆滚动。

5）拆下变速器选档杆螺母 1，如

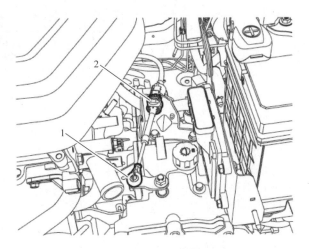

图 4-165 变速器选档杆拆卸
1—拉索端子 2—拉索

图 4-166 所示。

6）拆下变速器选档杆 2，如图 4-166 所示。

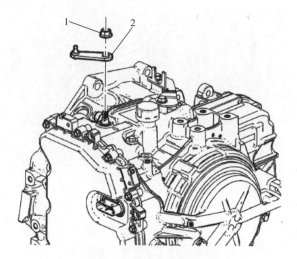

图 4-166　变速器选档杆拆卸
1—螺母　2—选档杆

7）断开控制阀体变速器控制模块电气连接器，然后将插接器从变速器上松开，如图
4-167所示。

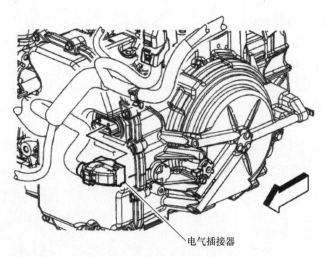

电气插接器

图 4-167　控制阀体变速器控制模块

8）将变速器油冷却器进口软管从变速器上拆下。

9）将变速器油冷却器出口软管从变速器上拆下。

10）塞住或盖住管子和变速器以防止污染。

11）拆下变速器上部至发动机的螺栓 2，如图 4-168 所示。

12）用发动机平衡架 PT - 0069 吊稳发动机。

13）排空变速器油。

14）拆下前排气管。

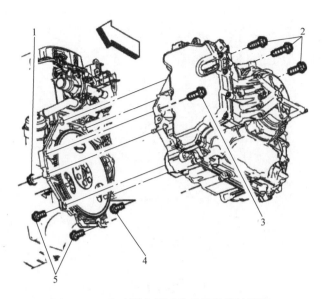

图 4-168　变速器上部至发动机的螺栓拆卸
1—螺母　2~5—螺栓

15）将前轮驱动轴从变速器上拆下。

16）拆下起动机。

注意，为保证变矩器与飞轮有很好的平衡性，在分离变矩器前务必做好它们之间的相对位置安装标记。

17）标记飞轮至变矩器的相对位置以便重新装配。

18）拆下孔盖 1 和变矩器至飞轮螺栓 2，如图 4-169 所示。

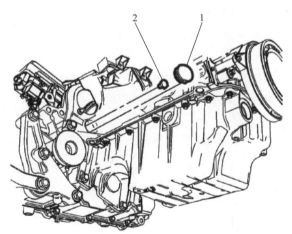

图 4-169　孔盖和变矩器至飞轮拆卸
1—孔盖　2—螺栓

19）拆下传动系统和前副车架。

20）将发动机后支座托架从变速器上拆下。

21）拆下变速器左侧支座 4，如图 4-170 所示。

183

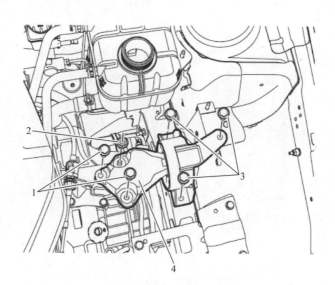

图4-170　变速器左侧支座拆卸

1～3—螺栓　4—左侧支座

22）使用变速器千斤顶支撑变速器。

23）拆下变速器下部紧固件1、3、4、5，如图4-168所示。

注意：分离并拆下变速器的同时，确保变矩器一直牢固就位于变速器输入轴上。

24）将变速器从发动机上分离。

25）降下变速器带有千斤顶的一侧，直至可拆下变速器。

（2）安装程序

1）用变速器千斤顶举升变速器，并将变速器定位至发动机上。

2）安装变速器螺栓3，4并紧固至60N·m，如图4-168所示。

3）安装变速器螺栓5和变速器螺母1并紧固至40N·m，如图4-168所示。

4）拆下变速器千斤顶。

5）安装变速器左侧支座4，如图4-170所示。

6）将变速器后支座托架安装至变速器。

7）安装传动系统和前副车架。

注意：如果重复使用变矩器螺栓，在安装前清洁螺纹并在螺纹上涂抹螺纹锁止胶。

8）安装变矩器至飞轮的螺栓2并紧固至60N·m，安装孔盖1，如图4-169所示。

9）安装起动电动机。

10）将前轮驱动轴安装至变速器。

11）安装前排气管。

12）拆下发动机平衡架PT－0069。

13）安装变速器上部至发动机螺栓2并紧固至60N·m，如图4-168所示。

14）断开控制阀体变速器控制模块电气插接器，如图4-171所示，然后将插接器夹至变速器。

15）将变速器油冷却器出口管安装至变速器。

16）将变速器油冷却器进口软管安装至变速器。

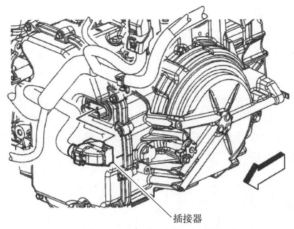

插接器

图 4-171 控制阀体变速器控制模块断开

注意：拆卸或安装选档杆固定螺母时，握住变速器选档杆。未握住选档杆将导致变速器内部驻车系统部件损坏，当置于驻车档时，该部件使车辆滚动。

17）安装变速器选档杆 2，如图 4-172 所示。

18）安装变速器选档杆螺母 1 并紧固至 30N·m，如图 4-172 所示。

19）将变速器选档杆拉索 2 安装至拉线托架。

20）将变速器选档杆拉索端子 1 连接至选档杆销，如图 4-173 所示。

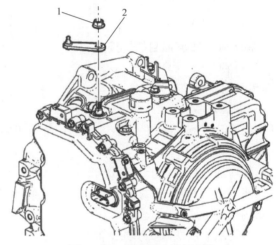

图 4-172 变速器选档杆安装
1—螺母 2—选档杆

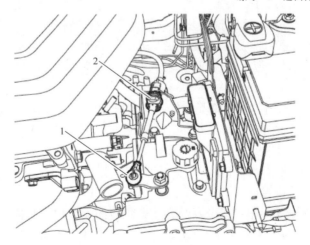

图 4-173 变速器选档杆安装
1—拉索端子 2—拉索

21）调节自动变速器选档杆拉线。

22）安装散热器储液罐。

23）安装蓄电池托架。

24）加注变速器油。

25）如果已经在车辆上安装新的变速器控制模块，则需要对新的模块进行编程。注意：只有当车辆进行了以下维修中的一项时，才必须执行"变速器自适应值读入"程序，否则可能会造成变速器性能不良以及设置变速器故障诊断码。维修项如下：

① 变速器内部维修/大修。

② 阀体修理或更换。

③ 控制电磁阀总成的更换。

④ 变速器控制模块软件/校准更新。

⑤ 针对换档质量问题的任何维修。

26）执行变速器自适应值读入。

27）路试车辆。

5. GF6 输入轴座油封的更换

（1）拆卸步骤

拆卸旧的油封并报废。

（2）安装步骤

1）将 PT – 0307 密封件安装工具的一部分 PT – 0307 – 3 置于壳体毂上，并将其调整至仅露出底部油封环。

2）将新的油封环置于 PT – 0307 – 3 上。

3）使用 PT – 0307 密封件安装工具的一部分 PT – 0307 – 1，将油封环推入 PT – 0307 – 3 的毂环槽中。

4）重复以上步骤以安装四个油封环，并调整 PT – 0307 – 3 以将其安装至相应的环槽中，小倒角朝上。

告诫：切勿强行将密封件安装工具滑至密封件上，这样会压坏和损坏密封件。大倒角用于安装过度拉伸的密封件。如密封件安装工具不易安装在油封环上，用手帮助收缩油封环。

5）安装 PT – 0307 密封件安装工具的一部分 PT – 0307 – 1，并使大倒角端在油封环上，使 PT – 0307 – 1 在密封件上停留至少 60s，输入轴油封安装示意图如图 4-174 所示。大倒角朝上。

6）安装 PT – 0307 密封件安装工具的一部分 PT – 0307 – 1 并使小倒角端朝下持续至少 60s。这将正确测量到密封圈底部的尺寸。

7）使 PT – 0307 密封件安装工具的一部分 PT – 0307 – 1 在油封环上停留过长时间，可能造成初级离合器活塞油路上油液泄漏，直至油封环温度上升且膨胀至合适的尺寸。

6. GF6 拆装时的注意要点

1）单向离合器的安装。单向离合器与变速器壳体的安装位置是固定的，在安装时确保单向离合器的缺口基本与变速器壳体的 C1 – 2 – 3 – 4 和 CL – R 离合器的油道孔对齐，如图 4-175 所示。

2）活塞排气孔安装位置。为了使离合器活塞能够更好排除活塞内部的空气，在安装

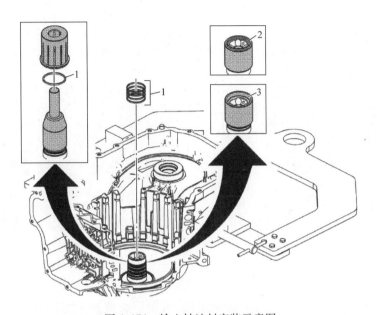

图 4-174 输入轴油封安装示意图

1—油封 2—PT－0307－1 密封件安装工具小倒角朝上 3—PT－0307－3 密封件安装工具大倒角朝上

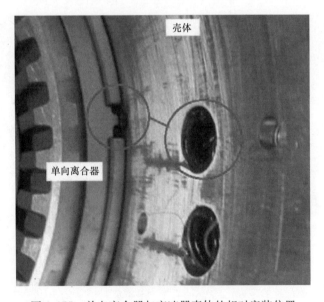

图 4-175 单向离合器与变速器壳体的相对安装位置

C2－6制动器活塞时，必须将活塞的排气孔朝向变速器的正上方，如图 4-176 所示。

因 C1－2－3－4 和 CL－R 制动器的排气孔在活塞缸的外侧，非活塞上，又因活塞缸与变速器壳体有着固定的安装位置，所以无需特别注意也能保证其排气孔朝向变速器的正上方。

3）变速器壳体的 C1－2－3－4 和 CL－R 制动器的油道孔密封圈。在拆卸单向离合器及以下的零部件时，为了防止单向离合器对密封圈的划伤，首先将两个密封圈用手向外推出一部分，如图 4-177 所示。

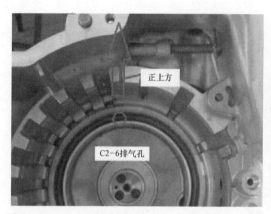

图 4-176　C2-6 制动器排气孔与壳体相对安装位置

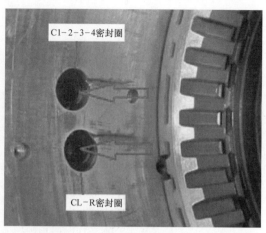

图 4-177　C1-2-3-4 和 CL-R 制动器的油道孔密封圈安装

4）变速器内部线束固定牢靠。在安装液压阀体和电磁阀总成时，注意将变速器内部的线束固定好。因线束固定不牢固，在安装阀体时可能导致线束被挤压在阀体下边，导致线路压损或阀体未安装到位形成泄压的故障等。同时因手动阀经常运动，易对线路造成干涉现象。输出轴转速传感器的线束在装配时尤其注意，其线束固定如图 4-178 所示。

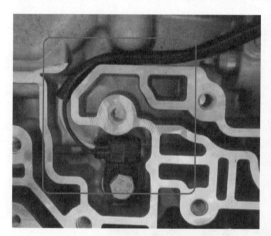

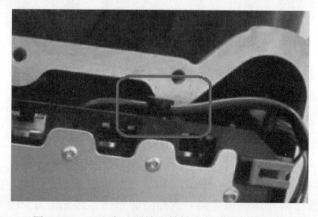

图 4-178　GF6 变速器输出轴转速传感器线束固定

六、使用自动变速器注意事项

GF6 不可使用 N 位滑行，否则不仅容易出现危险，而且容易使自动变速器油温过高而影响其使用寿命，使高速旋转的齿轮得不到充分润滑而烧蚀。

搭载自动变速器的车辆不能被其他车辆拖拽。因为发动机在不工作时，油液都沉积在油底壳中，只有油泵工作时才将油液泵出润滑各部件。在拖拽过程中，发动机不工作，自动变速器油泵也就无法将自动变速器油泵出，长时间的拖拽就会导致自动变速器各执行元件过度磨损，造成严重的后果。如遇紧急情况必需被拖拽时，应使两前轮（驱动轮）离开地面并用专用拖车进行拖拽。

车辆以较高的速度前进行驶时，绝对禁止将变速杆切换到 R 位，切换到 R 位会导致变速器内部致命性的损坏。为了防止驾驶人误操作，变速器挂档机构设计了防误操作功能，即使驾驶人强行操作，也不能挂入倒档。

在爬坡时，不允许使用加速踏板来保持车辆停止状态，以防止变速器发生过热。必须使用制动踏板或驻车制动器。

在车辆行驶中，不得将变速杆置于 P 位，否则将会严重损坏自动变速器驻车装置，严重的还会导致变速器壳体等部件致命性的损坏。

当故障灯以闪烁方式点亮时，应立即停车后与最近的服务店取得联系并进行处理，严禁带病行车。

第六节 学习成果自检

本章节的学习目标你已经达成了吗？请通过思考以下问题进行结果检验。

序号	问题	自检结果
1	自动变速器有哪些部分组成	
2	变速机构的结构和原理是什么	
3	液压控制系统由什么构成	
4	液压控制系统的原理是什么	
5	电子控制系统的控制原理	
6	电子控制系统的功能是什么	
7	电子控制系统由什么组成	
8	自动变速器常见故障是什么	
9	自动变速器常见故障如何分析	
10	自动变速器故障如何修复	

第七节 练 习 题

一、填空题

1. 自动变速器是由＿＿＿＿＿＿系统、＿＿＿＿＿＿系统和＿＿＿＿＿系统三个子系统组成的。

2. 自动变速器液压控制系统由_____、_____以及连接这些液压装置的_____组成。

3. 自动变速器变矩器是由四个基本元素组成的，即_____、_____、_____和_____。

4. GF6 内部共有_____排行星齿轮排，其中用于换档改变传动比的有_____排。

5. 控制阀有_____阀、_____阀和_____阀三种类型。

6. 自动变速器出现冲击类的故障一般都是离合器或制动器_____导致的。影响离合器或制动器结合过快的原因主要有_____等。

二、简答题

1. 自动变速器液压控制系统的功用是什么？
_____
_____
_____
_____

2. 简述自动变速器液力变矩器的功用。
_____
_____
_____
_____
_____
_____

3. 简述自动变速器的传动液有哪些性能特点。
_____
_____
_____
_____

4. 自动变速器系统油压过低的原因有哪些？
_____
_____
_____
_____
_____

5. 自动变速器出现全部档位缺失的故障原因有哪些？
_____
_____
_____
_____
_____
_____

附　　录

附录 A　GF6 拆解视图

A.1　壳体和相关零件

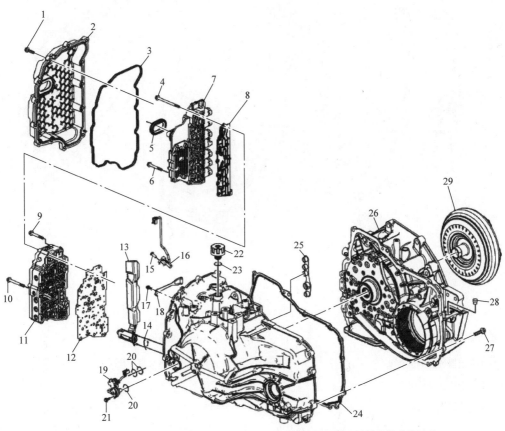

1—控制阀体盖螺栓
2—控制阀体盖总成
3—控制阀体盖衬垫
4—控制阀体螺栓
5—控制阀体盖孔密封件
6—控制电磁阀散热片螺栓
7—控制电磁阀（带阀体和变速器控制模块）总成
8—控制阀体过滤板总成
9—控制阀体螺栓
10—控制阀体螺栓
11—控制阀体总成
12—控制阀体隔板总成
13—自动变速器油位控制阀
14—自动变速器油位控制阀衬垫
15—自动变速器输出轴转速传感器螺栓

16—自动变速器输出轴转速传感器总成
17—手动换档轴止动弹簧螺栓
18—手动换档轴止动杆弹簧总成
19—自动变速器输入轴转速传感器总成
20—自动变速器输入轴转速传感器总成 O 形密封圈
21—自动变速器输入轴转速传感器螺栓
22—加注口盖
23—加注口盖密封件
24—变矩器壳体衬垫
25—自动变速器油泵密封件总成
26—带油泵的变矩器壳体总成
27—变矩器和差速器壳体螺栓
28—自动变速器加注管螺塞总成
29—变矩器总成

191

A.2 变速器壳体总成

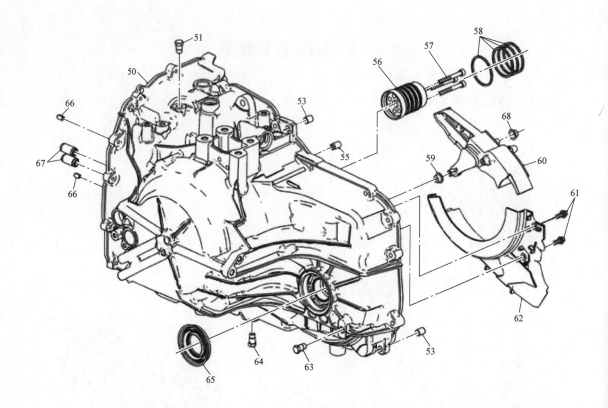

50—自动变速器壳体总成

51—自动变速器油压测试孔塞

53—变速器壳体盖定位销

55—自动变速器油单向球

56—输入轴支架

57—输入轴支架螺栓

58—3－5－倒档和4－5－6档离合器油封环

59—传动机构润滑液密封件

60—传动机构润滑口

61—前差速器外壳隔油板螺栓

62—前差速器外壳隔油板

63—油位螺塞

64—放油螺塞

65—驱动轴油封总成

66—控制阀体定位销

67—1－2－3－4档、低速档和倒档离合器油道密封件

68—传动机构润滑液密封件

A.3　变矩器和油泵壳体总成

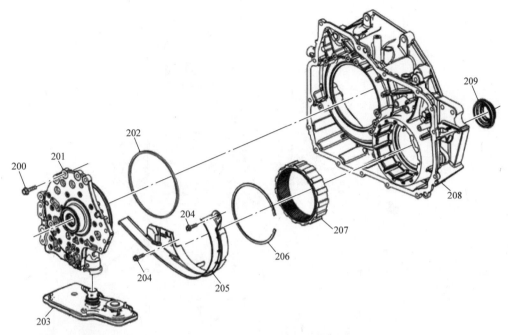

200—自动变速器油泵螺栓
201—自动变速器油泵总成
202—变矩器和差速器壳体密封件
203—自动变速器油滤清器总成
204—前差速器外壳隔油板螺栓

205—前差速器外壳隔油板
206—前差速器齿圈固定件
207—前差速器齿圈
208—变矩器和差速器壳体
209—前轮驱动轴油封总成

A.4　传动机构总成

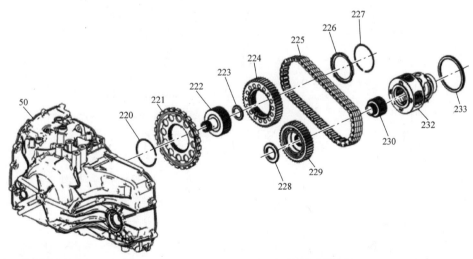

50—自动变速器壳体总成
220—驻车齿轮卡环
221—驻车齿轮
222—输出行星齿轮分动箱主动齿轮轮毂
223—主动链轮轴承总成
224—主动链轮
225—传动机构总成

226—主动链轮止推垫圈
227—主动链轮卡环
228—从动链轮轴承总成
229—从动链轮
230—主减速器太阳齿轮
232—差速器外壳总成
233—前差速器外壳轴承总成

A.5　油泵总成

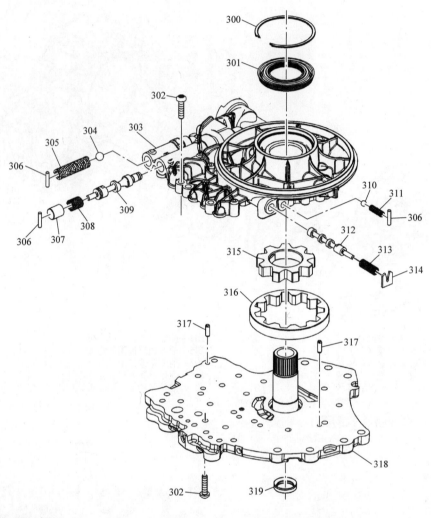

300—变矩器油封固定件

301—变矩器油封总成

302—自动变速器油泵盖螺栓

303—自动变速器油泵体

304—泵喷射球阀

305—泵喷射阀弹簧

306—压力调节阀孔塞固定件

307—压力调节阀孔塞

308—压力调节阀弹簧

309—压力调节阀

310—变矩器离合器喷射球阀

311—变矩器离合器喷射球阀弹簧

312—变矩器离合器控制阀

313—变矩器离合器控制阀弹簧

314—变矩器离合器控制阀弹簧固定件

315—自动变速器油泵主动齿轮

316—自动变速器油泵从动齿轮

317—油泵盖至油泵体定位销

318—自动变速器油泵盖总成

319—变矩器油封总成

A.6　控制阀体总成

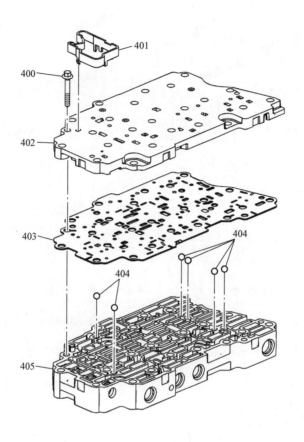

400—控制阀体螺栓

401—控制电磁阀支架

402—阀筒状盖板

403—筒状盖板至阀体隔板总成

404—控制阀体单向球阀

405—控制阀体总成

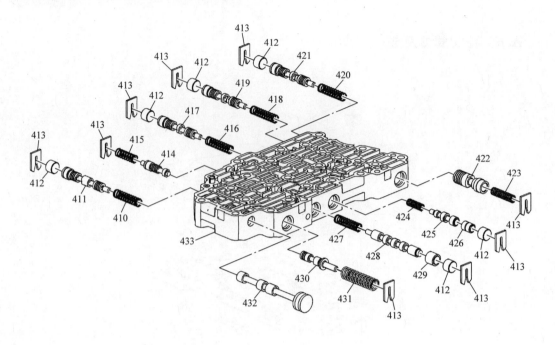

410—倒档和4 – 5 – 6 档离合器调节阀弹簧

411—倒档和4 – 5 – 6 档离合器调节阀

412—离合器阀孔塞

413—阀弹簧固定件

414—1 – 2 – 3 – 4 档离合器助力阀

415—1 – 2 – 3 – 4 档离合器助力阀弹簧

416—1 – 2 – 3 – 4 档离合器调节阀弹簧

417—1 – 2 – 3 – 4 档离合器调节阀

418—2 – 6 档离合器调节阀弹簧

419—2 – 6 档离合器调节阀

420—3 – 5 – 倒档离合器调节阀弹簧

421—3 – 5 – 倒档离合器调节阀

422—离合器活塞档板进油调节阀

423—离合器活塞档板进油调节阀弹簧

424—变矩器离合器调节器接合阀弹簧

425—变矩器离合器调节器接合阀

426—变矩器离合器调节器接合往复阀

427—离合器选择阀弹簧

428—离合器选择阀

429—默认超控往复阀

430—执行器进油量限制阀

431—执行器进油量限制阀弹簧

432—手动阀

433—控制阀体总成

A.7　3 − 5 − 倒档离合器总成

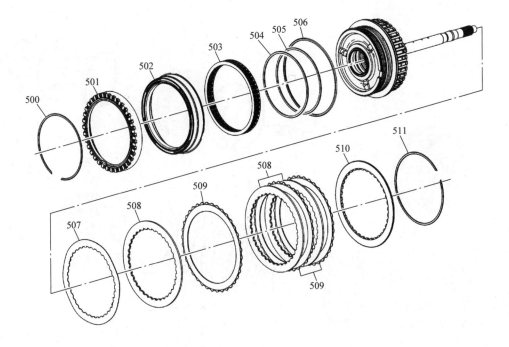

500—自动变速器输入轴转速传感器变磁阻转子卡环

501—自动变速器输入轴转速传感器变磁阻转子

502—3 − 5 − 倒档离合器活塞

503—3 − 5 − 倒档离合器活塞回位弹簧总成

504—3 − 5 − 倒档离合器活塞内密封件

505—3 − 5 − 倒档离合器活塞内密封件

506—3 − 5 − 倒档离合器活塞挡板密封件

507—3 − 5 − 倒档离合器压盘

508—3 − 5 − 倒档离合器片

509—3 − 5 − 倒档离合器（带摩擦材料）片总成

510—3 − 5 − 倒档离合器底板

511—3 − 5 − 倒档离合器底板卡环

A.8 4-5-6档离合器总成

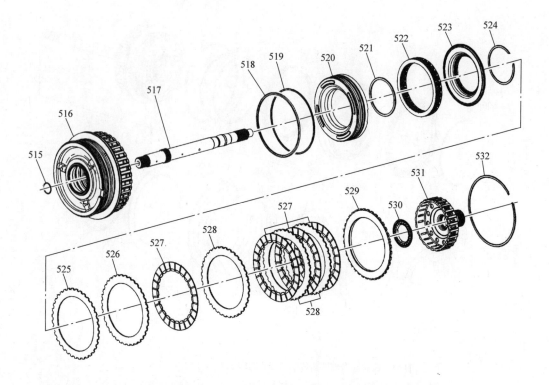

515—涡轮轴卡环

516—3-5-倒档和4-5-6档离合器壳体总成

517—涡轮轴

518—4-5-6档离合器活塞外密封件

519—4-5-6档离合器活塞外密封件

520—4-5-6档离合器活塞

521—4-5-6档离合器活塞内密封件

522—4-5-6档离合器活塞回位弹簧总成

523—4-5-6档离合器活塞挡油板总成

524—4-5-6档离合器活塞挡油板卡环

525—4-5-6档离合器片（波形）

526—4-5-6档离合器压盘

527—4-5-6档离合器（带摩擦材料）片总成

528—4-5-6档离合器片

529—4-5-6档离合器底板

530—反作用行星轮轮毂止推轴承总成

531—反作用行星轮轮毂总成

532—4-5-6档离合器底板卡环

A.9　2 - 6 档、低速档、倒档和 1 - 2 - 3 - 4 档离合器片总成

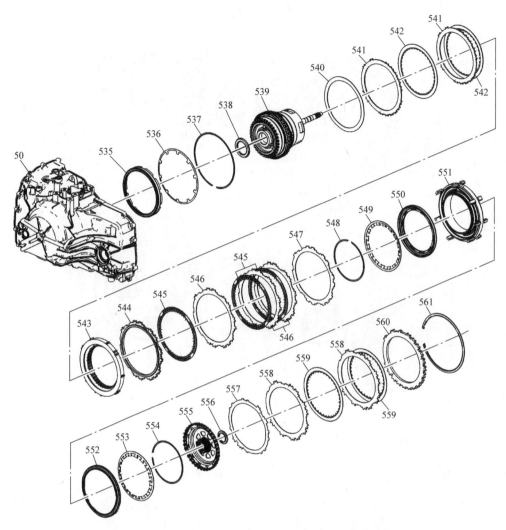

50—自动变速器壳体总成
535—2 - 6 档离合器活塞总成
536—2 - 6 档离合器弹簧
537—2 - 6 档离合器弹簧卡环
538—3 - 5 - 倒档和 4 - 5 - 6 档离合器壳体止推轴承
539—3 - 5 - 倒档和 4 - 5 - 6 档离合器壳体总成
540—2 - 6 档离合器压盘（波形）
541—2 - 6 档离合器片
542—2 - 6 档离合器（带摩擦材料）片总成
543—低速档和倒档离合器总成
544—低速档和倒档离合器底板
545—低速档和倒档离合器（带摩擦材料）片总成
546—低速档和倒档离合器片
547—低速档和倒档离合器压盘（波形）

548—低速档和倒档离合器弹簧固定件
549—低速档和倒档离合器弹簧
550—低速档和倒档离合器活塞
551—低速档、倒档和 1 - 2 - 3 - 4 档离合器壳体
552—1 - 2 - 3 - 4 档离合器活塞
553—1 - 2 - 3 - 4 档离合器弹簧
554—1 - 2 - 3 - 4 档离合器活塞固定件
555—输出轴太阳轮总成
556—输出轴太阳轮止推轴承总成
557—1 - 2 - 3 - 4 档离合器片（波形）
558—1 - 2 - 3 - 4 档离合器片
559—1 - 2 - 3 - 4 档离合器（带摩擦材料）片总成
560—1 - 2 - 3 - 4 档离合器底板
561—1 - 2 - 3 - 4 档离合器底板卡环

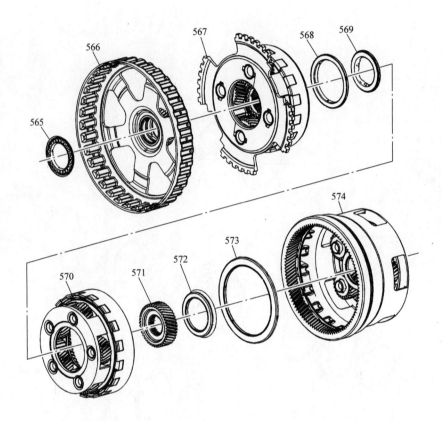

565—反作用太阳轮止推轴承总成

566—反作用太阳轮总成

567—反作用行星轮总成

568—输入行星轮止推轴承总成

569—输入轴太阳轮止推轴承总成

570—输入行星轮总成

571—输入轴太阳轮

572—输入轴太阳轮止推轴承总成

573—输出行星轮止推轴承总成

574—输出行星轮总成

A.10　前差速器外壳总成

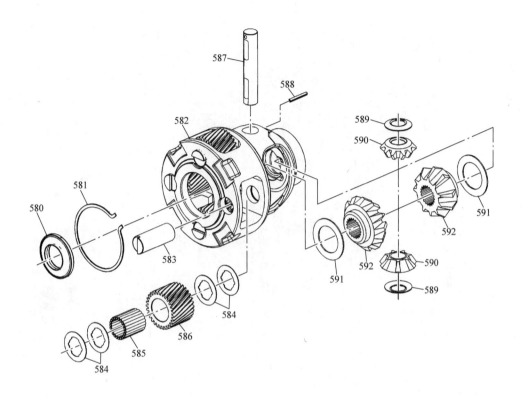

580—差速器太阳齿轮至差速器外壳轴承总成

581—主减速器固定件

582—差速器外壳总成

583—主减速器小齿轮销

584—主减速器内、外垫圈

585—主减速器滚柱

586—主减速器小齿轮

587—前差速器小齿轮轴

588—前差速器小齿轮轴销

589—前差速器小齿轮止推垫圈

590—前差速器小齿轮

591—前差速器半轴齿轮止推垫圈

592—前差速器半轴齿轮

A. 11　驻车系统部件

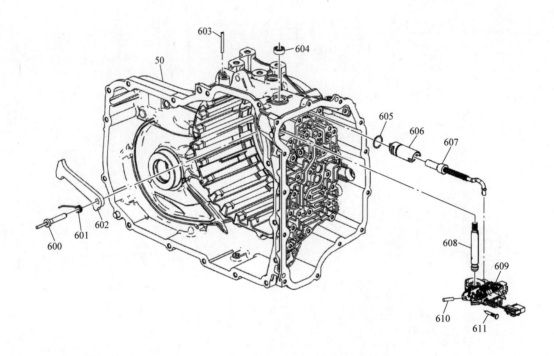

50—自动变速器壳体总成

600—驻车棘爪轴

601—驻车棘爪弹簧

602—驻车棘爪

603—驻车棘爪执行器导销

604—手动换档轴密封件

605—驻车棘爪执行器导管密封件

606—驻车棘爪执行器导销

607—驻车棘爪执行器总成

608—手动换档止动杆轴

609—手动换档止动杆总成（带换档轴位置开关）

610—手动换档止动杆销

611—手动换档轴销

附录 B　定　位　图

B.1　部件定位图

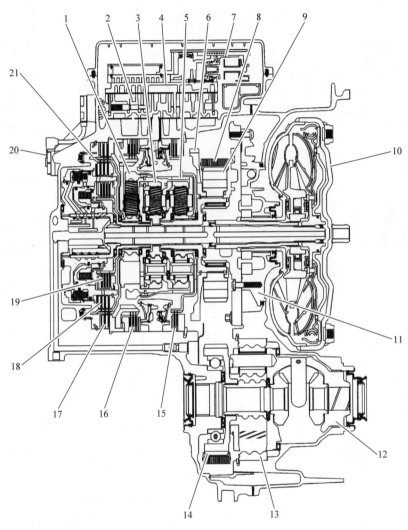

1—反作用行星轮总成
2—控制阀体总成
3—输入行星轮总成
4—阀筒状盖板
5—输出行星轮总成
6—驻车齿轮
7—控制电磁阀（带阀体和变速器控制模块）总成
8—传动机构总成
9—主动链轮
10—变矩器总成
11—自动变速器油泵总成

12—差速器外壳总成
13—前差速器齿圈
14—从动链轮
15—1 – 2 – 3 – 4 档离合器总成
16—低速档和倒档离合器总成
17—2 – 6 档离合器总成
18—3 – 5 – 倒档离合器总成
19—4 – 5 – 6 档离合器总成
20—自动变速器输入轴转速传感器总成
21—反作用太阳轮总成

B.2　轴套、轴承和垫圈定位图

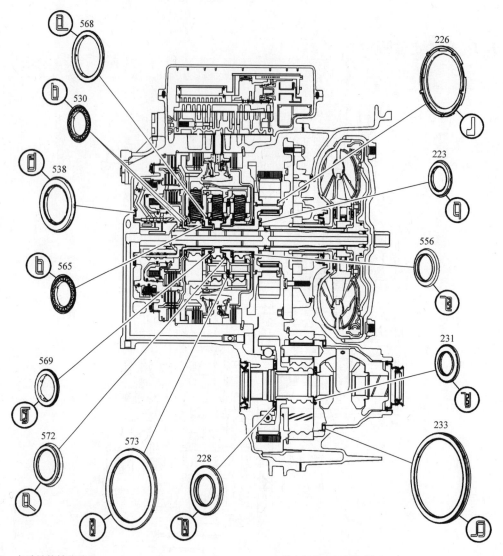

223—主动链轮轴承总成

226—主动链轮止推垫圈

228—主动链轮轴承总成

231—差速器太阳轮至差速器壳体轴承总成

233—前差速器外壳轴承总成

530—反作用行星轮轮毂止推轴承总成

538—3-5-倒档和4-5-6档离合器壳体止推轴承

556—输出轴太阳轮止推轴承总成

565—反作用太阳轮止推轴承总成

568—输入行星轮止推轴承总成

569—输入轴太阳轮止推轴承总成

572—输入轴太阳轮止推轴承总成

573—输出行星轮止推轴承总成

B.3　密封件定位图

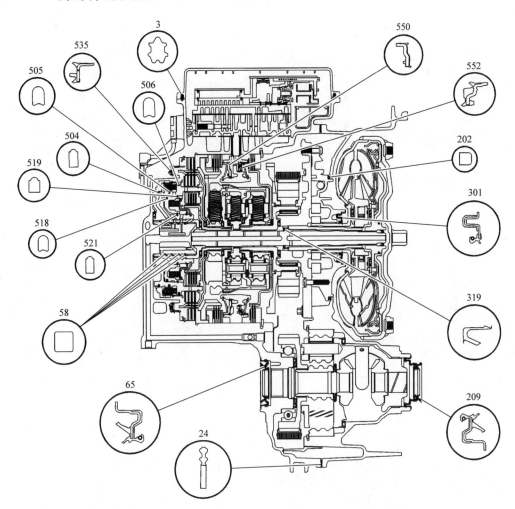

3—控制阀体盖衬垫

24—变矩器壳体衬垫

58—3 – 5 – 倒档和 4 – 5 – 6 档离合器油封环

65—驱动轴油封总成

202—变矩器和差速器壳体密封件

209—前轮驱动轴油封总成

301—变矩器油封总成

319—变矩器油封总成

504—3 – 5 – 倒档离合器活塞内密封件

505—3 – 5 – 倒档离合器活塞内密封件

506—3 – 5 – 倒档离合器活塞挡板密封件

518—4 – 5 – 6 档离合器活塞外密封件

519—4 – 5 – 6 档离合器活塞外密封件

521—4 – 5 – 6 档离合器活塞内密封件

535—2 – 6 档离合器活塞总成

550—低速档和倒档离合器活塞

552—1 – 2 – 3 – 4 档离合器活塞

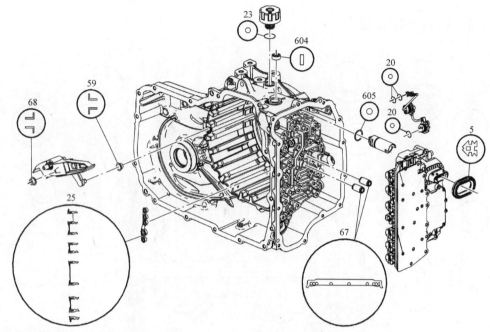

5—控制阀体盖螺栓孔密封件
20—自动变速器输入轴转速传感器总成 O 形密封圈
23—加注口盖密封件
25—自动变速器油泵密封件总成
59—传动机构润滑液密封件

67—1 - 2 - 3 - 4 档、低速档和倒档离合器油道
68—传动机构润滑液密封件
604—手动换档轴密封件
605—驻车棘爪执行器导管密封件

B.4 单向球阀定位图

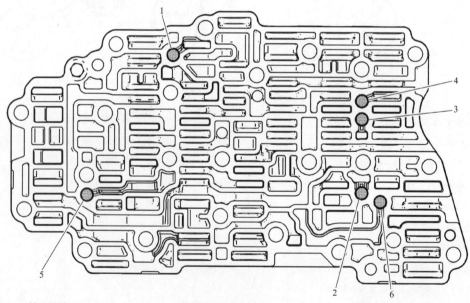

编号	输入油液	输入油液	输出油液
1	压力开关 4	4 - 5 - 6 档离合器供油	离合器选择阀 2 锁闩
2	3 - 5 - 倒档供油/前进档 1 - 6	前进档 1 - 6	3 - 5 - 倒档供油
3	3 - 5 - 倒档供油	—	3 - 5 - 倒档供油
4	压缩供油	3 - 5 - 倒档供油	3 - 5 - 倒档离合器供油/排油 BF
5	执行器供油限压	—	R1/4 - 5 - 6 档离合器供油
6	执行器供油限压	—	3 - 5 - 倒档离合器

附录 C 变速器线路示意图

C.1 自动变速器控制示意图（电源、搭铁和串行数据）

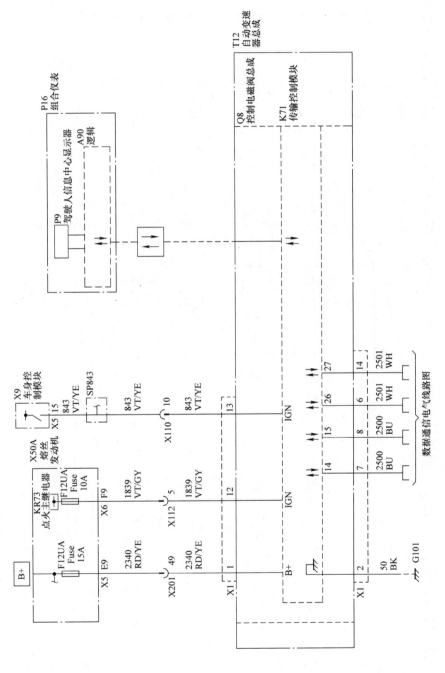

C.2 自动变速器控制示意图（变速器输入/输出速度传感器和电磁阀、油压开关、油液温度传感器）

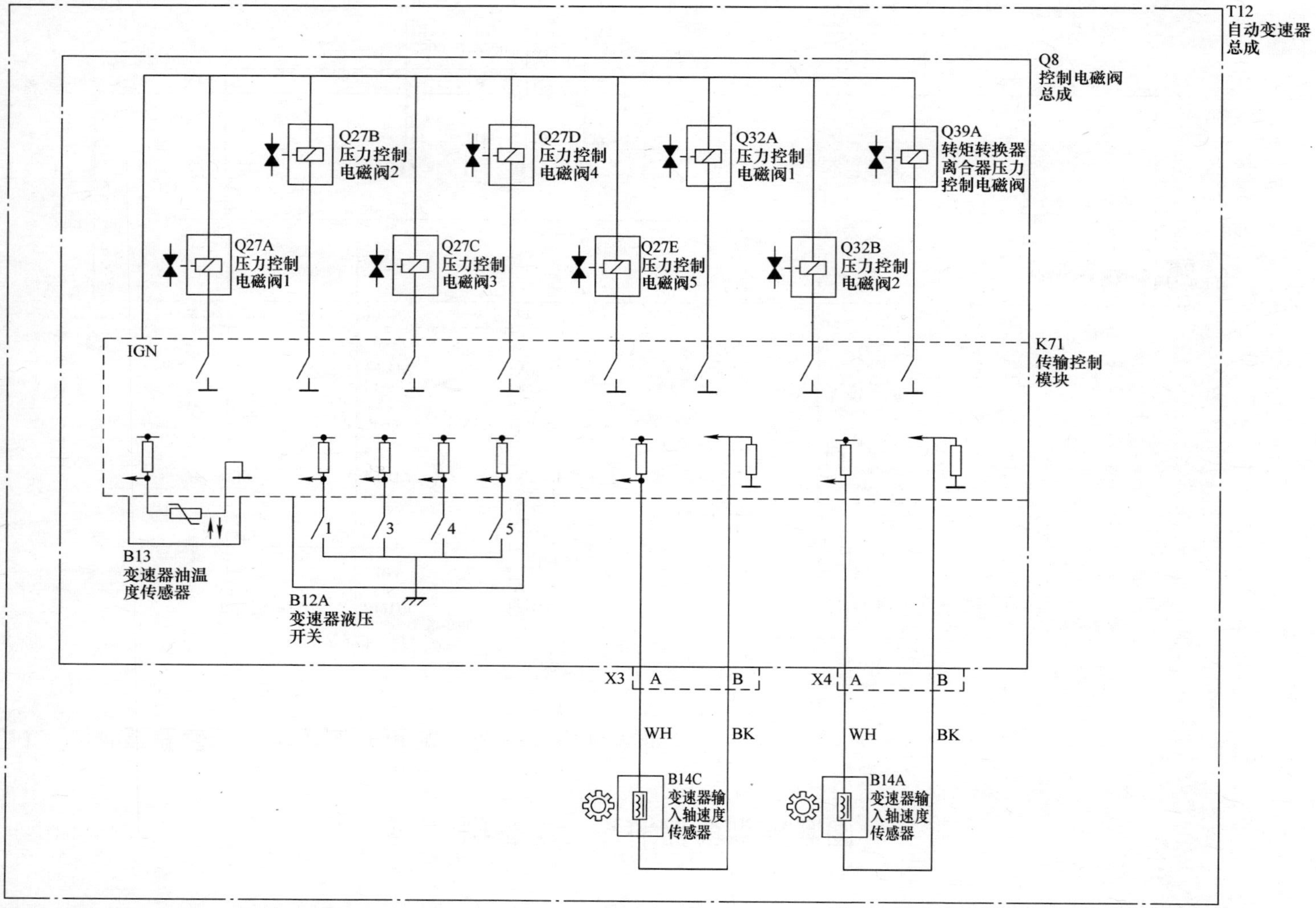

C. 3　自动变速器控制示意图（内部模式开关、手动换档开关）

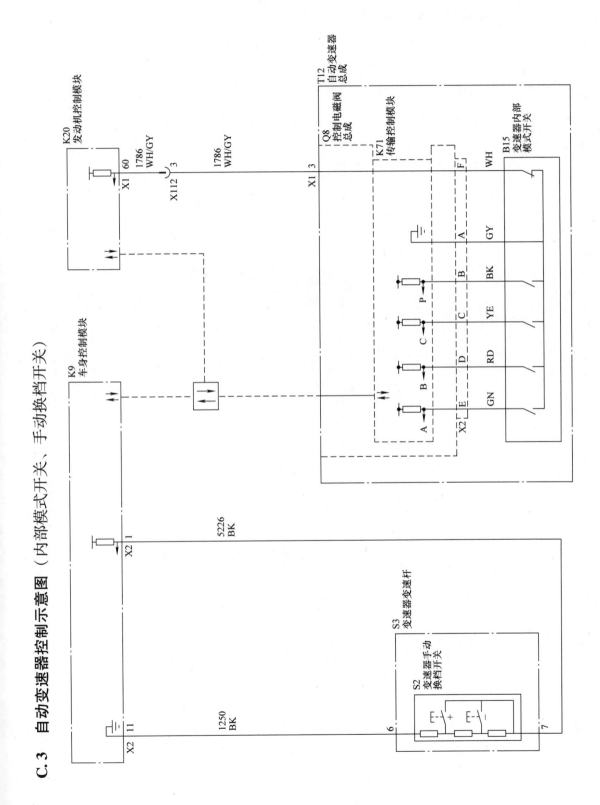

C. 4 变速杆电磁阀示意图

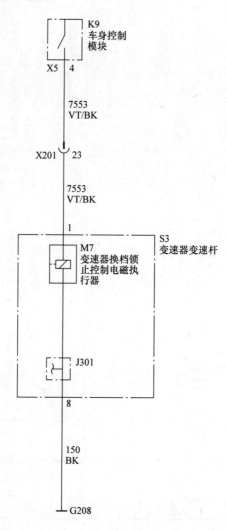

附录 D　GF6 拧紧力矩

应用	数量	尺寸	规格/N·m
自动变速器油泵螺栓至变矩器壳体	7	M8×33	10+45°
自动变速器油泵盖螺栓	3	M6×25	12
控制电磁阀总成至壳体螺栓	12	M6×97	11
控制电磁阀总成至壳体螺栓	3	M5×40.5	7
控制阀体总成（整体）螺栓	1	M5×40.5	7
控制阀体至壳体螺栓	2	M6×53	12
控制阀体至壳体螺栓	9	M6×60	12
控制阀体盖螺栓	13	M6×30	12
放油螺塞	1	1/8″−27 NPTF	12
油位孔塞	1	1/8″−27 NPTF	12
油压测试孔塞	1	1/8″−27 NPTF	12
差速器前支座挡板螺栓－变矩器壳体	2	M6×25	12
差速器前支座挡板螺栓－壳体	2	M6×18.5	12
输入轴支座螺栓	3	M6×50	12
输入轴转速传感器螺栓	1	M6×23	9
手动换档止动弹簧	1	M6×16	12
输出轴转速传感器螺栓	1	M6×18	9
变矩器和差速器壳体螺栓变速器自动变速器	14	M8×30	10+50°

参 考 文 献

［1］ 陈家瑞. 汽车构造：下册 ［M］. 北京：人民交通出版社，2009.

［2］ 鲁明巧. 汽车构造 ［M］. 北京：高等教育出版社，2008.

［3］ 贺大松. 汽车底盘构造与维修 ［M］. 北京：机械工业出版社，2009.

［4］ 景庆维. 丰田霸道4000和陆地巡洋舰汽车维修手册 ［M］. 沈阳：辽宁科学技术出版社，2007.

［5］ 沈锦. 汽车底盘技术与检修 ［M］. 北京：机械工业出版社，2010.

［6］ 于京诺. 汽车底盘及车身电控系统维修 ［M］. 北京：机械工业出版社，2011.